Michael Teut und Christian Lucae
Homöopathische Sandkastenfibel

Michael Teut und Christian Lucae

HOMÖOPATHISCHE SANDKASTENFIBEL

Homöopathie für Kinder – Ein Klettergerüst für Eltern

2., bearbeitete Auflage

KVC Verlag
NATUR UND MEDIZIN e.V.
Am Deimelsberg 36, 45276 Essen
Tel.: (0201) 56305 70, Fax (0201) 56305 60
www.kvc-verlag.de

Teut, Michael; Lucae, Christian
Homöopathische Sandkastenfibel
Homöopathie für Kinder – Ein Klettergerüst für Eltern

Wichtiger Hinweis: Für Angaben über Dosierungsanweisungen und Applikationsformen kann vom Verlag keine Gewähr übernommen werden. Jede Dosierung oder Applikation erfolgt auf eigene Gefahr des Benutzers.

ISBN 978-3-96562-025-4
© KVC Verlag – NATUR UND MEDIZIN e.V., 2020, 2., bearb. Aufl.
© Illustrationen: Stefanie Clemen (www.stefanieclemen.de)

Das Werk mit allen Teilen ist urheberrechtlich geschützt. Jede Verwertung außerhalb der Bestimmungen des Urheberrechts ist ohne schriftliche Genehmigung des Verlages unzulässig und strafbar. Kein Teil des Werkes darf in irgendeiner Form ohne schriftliche Genehmigung des Verlages reproduziert werden. Geschützte Warennamen werden nicht immer besonders kenntlich gemacht. Aus dem Fehlen eines entsprechenden Hinweises kann also nicht geschlossen werden, dass es sich um einen freien Warennamen handelt.

Gestaltung: eye-d Designbüro, Essen
Druck: Union-Betriebs GmbH, Rheinbach

Inhaltsverzeichnis

Worum es in der Sandkastenfibel geht   1

Einführung   3
Die Homöopathie   3
Wann sollte man behandeln?   4
Die richtige Arznei wählen   5
Frageliste zur Auswahl der passenden Arznei   5
Die Einnahme der Arzneien   6
Die Wirkung der Arznei beurteilen   8
Die Entwicklung des Kindes   9
    Säuglinge   9
    Kleinkinder   11

Die Krankheiten   15
Beschwerden von Neugeborenen   15
    Das Kephalhämatom (Bluterguss)   15
    Das schläfrige Neugeborene   15
    Das unruhige Neugeborene   16
    Neugeborenengelbsucht   16
    Entbindungslähmungen   17
Beschwerden im Säuglingsalter   18
    Stillprobleme   18
    Dreimonatskoliken   19
    Mundsoor   21
    Windeldermatitis   22
    Zahnung   24

Akute Erkrankungen	27
Fieber	27
Halsschmerzen	32
Ohrenschmerzen, Mittelohrentzündung	35
Husten und Bronchitis	41
Pseudokrupp	43
Keuchhusten	45
Schnupfen	46
Bindehautentzündung	49
Blasenentzündung und Bettnässen	50
Blasenentzündung	50
Bettnässen	53
Magen-Darm-Erkrankungen	55
Bauchschmerzen	55
Blähungskoliken	56
Verstopfung	57
Durchfall	59
Übelkeit und Erbrechen	63
Reiseübelkeit	65
Kinderkrankheiten	66
Masern	66
Röteln	68
Windpocken	71
Mumps	72
Scharlach	74
Hauterkrankungen	75
Milchschorf	75
Neurodermitis	75
Furunkel	76
Impetigo	77

Herpes labialis (Lippenherpes)	78
Warzen	79
Sonnenbrand und Verletzungen	81
Sonnenbrand	81
Sonnenstich	81
Prellungen und Verstauchungen	82
Knochenbrüche	85
Wunden	85
Verbrennungen	87
Insektenstiche	89
Die homöopathische Kinderapotheke	**91**
Literaturverzeichnis	**93**
Die Autoren	**94**
Die Illustratorin	**95**

WORUM ES IN DER SANDKASTENFIBEL GEHT

Die Sandkastenfibel zeigt Ihnen einfache und über 200 Jahre in der homöopathischen Praxis durch Erfahrung bewährte Möglichkeiten der homöopathischen Selbstbehandlung auf. Die Tipps und Behandlungsvorschläge sind für Kinder im Säuglings- und Sandkastenalter zusammengestellt, viele Behandlungsvorschläge lassen sich aber auch für Schulkinder übernehmen.

Die Sandkastenfibel ist so einfach wie möglich aufgebaut, so dass Sie direkt bei den entsprechenden Beschwerden nachschlagen können. Im ersten Teil finden Sie allgemeine Informationen zur homöopathischen Behandlung und über die Entwicklung des Kindes.

Im zweiten Teil werden die wichtigsten Beschwerden und Krankheiten sowie ihre Behandlungsmöglichkeiten dargestellt.

> Bitte gehen Sie mit den Behandlungsvorschlägen genau und verantwortungsvoll um und beachten Sie die Grenzen der Selbstbehandlung: Suchen Sie bei jeglicher Unsicherheit, schwereren Erkrankungen, Verschlechterungen des Krankheitszustandes Ihres Kindes oder fehlendem Ansprechen auf Ihre Behandlung umgehend einen Arzt auf!

Viele akute Krankheiten verlaufen im Kindesalter unkompliziert, und ein Arztbesuch ist nicht notwendig. Die Einschätzung der Schwere einer Krankheit und der ärztlichen Behandlungsbedürftigkeit liegt erst einmal natürlich bei Ihnen als Eltern, diese Entscheidung kann nicht von einem Ratgeber übernommen werden. Wenn Sie sich unsicher bei der Einschätzung des aktuellen Problems ihres Kindes fühlen, sollten Sie nicht zögern, ärztlichen Rat einzuholen. Im Zweifelsfall ist es immer besser, einen kompetenten Arzt aufzusuchen!

Verstehen Sie diesen Ratgeber als ein homöopathisches Erst- und Selbsthilfekompendium, das weiterhilft, aber den Arzt nicht ersetzt. Im Text wurde daher bei Krankheitsbildern, bei denen die Behandlung durch einen Arzt besonders sinnvoll und erforderlich erscheint, auf den Arztbesuch hingewiesen.

Bitte lesen Sie zu diesem Thema auf jeden Fall auch die Kapitel *Die richtige Arznei wählen* und *Die Wirkung der Arznei beurteilen* durch.

Gleichzeitig werden Sie merken: Im Laufe der Zeit lernt man die Homöopathie immer besser kennen, schult den Blick für Krankheitsverläufe und charakteristische Merkmale im Krankheitsfall und übt zudem den Umgang mit diesem Ratgeber, so dass sich bei Bedarf zügig die richtige Arznei finden lässt.

Wir wünschen Ihnen viel Freude und Erfolg mit der Sandkastenfibel!

Michael Teut und Christian Lucae

EINFÜHRUNG

Die Homöopathie

Die Homöopathie hat das Ziel, die Selbstheilungskräfte des Organismus anzuregen, damit dieser bei der raschen, dauerhaften und sanften Heilung von Krankheiten unterstützt wird.

Sie kann am einfachsten als eine „Reiz-Reaktions-Therapie" beschrieben werden: Die homöopathische Arznei reizt den Organismus gezielt. Als Antwort werden die Selbstheilungskräfte mobilisiert, und im Idealfall folgt eine vollständige Heilung.

Im Gegensatz zur konventionellen Medizin steht in der Homöopathie das therapeutische Prinzip der Ähnlichkeit im Mittelpunkt. Ein Beispiel: Will man einen grippalen Infekt – mit Fieber, Müdigkeit und Gliederschmerzen – behandeln, so wird in der konventionellen Medizin ein wirksames, linderndes Schmerzmittel eingesetzt, z.B. Paracetamol oder Ibuprofen, das Schmerzwahrnehmung und Entzündungsreaktionen im Organismus blockiert.

In der Homöopathie dagegen wird der Organismus zur Selbstregulation stimuliert: Dabei wird dem Kranken eine Arznei gegeben, die – in ihrer ursprünglichen Form von einem Gesunden eingenommen – ähnliche Beschwerden hervorruft, also grippeähnliche Symptome. Gelsemium, der Gelbe Jasmin, ruft z.B. als eine Art Vergiftungsreaktion grippeähnliche Symptome hervor. Wenn ein Grippekranker nun Gelsemium einnimmt, kann es unter Umständen zunächst zu einer kurzfristigen, leichten Verschlimmerung der Symptome kommen, da Gelsemium ja Grippesymptome hervorruft. Im zweiten Schritt erfolgt dann eine Heilreaktion.

Um eine Vergiftung auszuschließen und Erstverschlimmerungen nicht zu stark werden zu lassen, werden die Arzneien einem speziellen

Herstellungsverfahren unterzogen: Sie werden „potenziert", das heißt schrittweise verdünnt und verschüttelt. Die Arzneien reizen den Organismus dann nur sanft.

Die Homöopathie verfügt über mehrere tausend Arzneien, von denen einige hundert gut erforscht sind und spezifisch eingesetzt werden können. Darunter gibt es eine Reihe von Arzneien, die sehr häufig für Alltagskrankheiten angewendet werden. Gerade zur Behandlung der häufigsten akuten Alltagsbeschwerden von Kindern genügt eine Auswahl von 30 Arzneien in der Hausapotheke (Kapitel *Die homöopathische Kinderapotheke*) am Ende des Buches. Zur Behandlung chronischer Erkrankungen wie z. B. Allergien, Neurodermitis oder Asthma ist die Arzneiwahl dagegen wesentlich schwieriger. Damit die chronischen Behandlungen zum Erfolg führen, sollten sie besser durch einen erfahrenen homöopathischen Arzt erfolgen.

Wann sollte man behandeln?

Bevor Sie Beschwerden Ihrer Kinder homöopathisch behandeln, sollten Sie kurz darüber nachdenken, ob es sich um eine Erkrankung handelt, die überhaupt medikamentös behandelt werden muss.

Viele Krankheiten heilen spontan – also ganz von selbst – ab. Gerade für Kinder gehört das Durchleben von Krankheiten zum Lernen und Wachsen dazu.

Ein Grund zur Behandlung liegt dann vor, wenn die Beschwerden intensiv sind oder der natürliche Krankheitsverlauf kompliziert oder langwierig ist. Durch die richtig gewählte homöopathische Arznei können Sie den Heilungsprozess beschleunigen.

Bei schwereren Erkrankungen oder chronischen Beschwerden ist es wichtig, dass Sie einen Arzt oder Kinderarzt aufsuchen.

> Bei Säuglingen ist besondere Vorsicht geboten: Insbesondere bei plötzlich auftretendem Fieber, bei Erbrechen, Trinkverweigerung oder Schläfrigkeit und Erschöpfung in den ersten Lebensmonaten sollte sofort ein Arzt hinzugezogen werden!

Die richtige Arznei wählen

Die Homöopathie ist eine sehr präzise Methode. Die Behandlung verläuft optimal, wenn das Arzneimittelbild zum vorliegenden Krankheitsbild passt.

Das bedeutet, dass die Symptome des Kranken so genau wie möglich mit den Arzneimittelbeschreibungen abgeglichen werden müssen. Einen hohen Stellenwert nehmen dabei so genannte „Leitsymptome" ein, die für das Arzneimittel besonders charakteristische Beschwerden oder Merkmale darstellen.

Um das wirklich passende Arzneimittel zu finden, müssen die Beschwerden möglichst genau verstanden und beschrieben werden. Hilfreich dafür ist eine systematische Frageliste. Gerade bei Säuglingen und Kleinkindern ist dies jedoch schwierig, da sie ihre Beschwerden nicht präzise formulieren können (z. B. Bauchschmerzen). Hierbei ist Ihre genaue Beobachtung gefordert!

Frageliste zur Auswahl der passenden Arznei

- Was ist das Hauptproblem?
- Um welche Erkrankung handelt es sich?
- Wie fühlt sich die Beschwerde an (Empfindung, z. B. Brennen oder

Einführung

Pochen, bei Kindern häufig schwierig zu erfahren)? Strahlen die Schmerzen aus?
- Wann treten die Beschwerden auf (Uhrzeit, Wetter, Klima, Lebensumstände etc.)?
- Werden die Beschwerden durch bestimmte Faktoren verbessert oder verschlimmert (Modalitäten, z. B. Wärme, Kälte, Wind, Bewegung, Aufregung etc.)?
- Gibt es begleitende Beschwerden (z. B. Schwitzen, Herzklopfen etc.)?
- Wie sind der allgemeine Zustand und die psychische Verfassung?

Haben Sie diese Informationen soweit wie möglich gesammelt, können Sie anhand des vorliegenden Ratgebers auf die Suche nach der passenden Arznei gehen. Wenn Sie keine eindeutige Arznei für die Erkrankung finden, kann es sein, dass das passende Arzneimittel oder die Krankheit hier nicht verzeichnet sind. Sie sollten sich dann an einen homöopathischen Arzt wenden.

Die Einnahme der Arzneien

Am besten geeignet für die Selbstbehandlung sind Globuli (Zuckerkügelchen aus Rohrzucker). Im akuten Krankheitsfall bei Säuglingen und Kleinkindern werden 3 Globuli der ausgewählten Arznei direkt in den Mund oder unter die Zunge gelegt, wo sie langsam zergehen.

Bei sehr heftigen, akuten Beschwerden, z. B. starken Ohrenschmerzen, empfiehlt es sich, zur Verstärkung der Behandlung die Arznei zu „verkleppern": 3 Globuli werden in einem kleinen Glas Wasser aufgelöst, das Wasser wird mit einem Plastiklöffel mehrfach umgerührt, danach wird alle 30 Minuten ein Schluck davon getrunken oder 1–2 Teelöffel in den Mund gegeben, verteilt über mehrere Stunden.

Falls nicht anders angegeben, empfiehlt sich ansonsten zur Selbstbehandlung folgendes **Vorgehen: 2–3 x täglich 3 Globuli der Potenz D12, bis die Beschwerden deutlich gebessert sind.**

> Insgesamt sollten homöopathische Arzneien nur über einen begrenzten Zeitraum eingenommen werden und – je nach Krankheitsschwere und -intensität – innerhalb von wenigen Stunden zu einer deutlichen Besserung führen. Tritt die Besserung nicht rasch ein, sollte spätestens am dritten Tag der Beschwerden ein Arzt aufgesucht werden.

Die Potenzen D6, D12 und D30 können ein- oder mehrmals täglich über mehrere Tage eingenommen werden, die D30 jedoch nicht länger als 2 Tage.

Die homöopathischen Arzneien können problemlos mit anderen Therapien kombiniert werden, auch mit konventionellen Medikamenten, Heilpflanzen oder Akupunktur. Eine Ausnahme ist die Inhalation intensiver ätherischer Öle, welche die Wirkung der homöopathischen Arzneien unter Umständen abschwächen können.

> Keine Anwendung von ätherischen Ölen bei Säuglingen und Kleinkindern. Es kann zu einem reflektorischen Atemstillstand kommen!

Wir empfehlen, die Globuli nicht unmittelbar vor oder nach dem Essen oder dem Zähneputzen einzunehmen. Am besten halten Sie einen Abstand von mindestens 15 Minuten ein, damit der Mund für die Aufnahme der Arznei ganz sauber ist.

Die Wirkung der Arznei beurteilen

Wird eine akute Erkrankung erfolgreich homöopathisch behandelt, sollte eine deutliche Besserung innerhalb von 24 Stunden eintreten. Eine anfängliche Verschlimmerung (Erstreaktion) kann in manchen Fällen auftreten.

Häufig verändern sich die Symptome im Verlauf der Erkrankung. Nicht selten muss dann aufgrund der veränderten Symptome eine neue Arznei ausgewählt werden.

Bei chronischen und lange bestehenden Erkrankungen dauert die erfolgreiche Behandlung länger (Wochen bis Monate). Eine solche Behandlung wird am besten von einem kompetenten Arzt durchgeführt.

> Wenn die Beschwerden nicht besser oder sogar kontinuierlich schlimmer werden, der Gesundheitszustand sich kritisch verschlimmert oder Sie unsicher werden, sollten Sie einen Arzt aufsuchen.
>
> Insbesondere bei Erbrechen und Durchfall im Säuglingsalter sollte der Arzt lieber frühzeitig aufgesucht werden, da die Kinder schon durch relativ geringe Flüssigkeitsverluste rasch austrocknen und bedrohlich geschwächt werden können.
>
> Bei lebensbedrohlichen Erkrankungen, Bewusstseinsstörungen oder anhaltenden Atemproblemen muss sofort ein Notarzt (Telefon europaweit 112) gerufen werden. Geben Sie unbedingt an, dass es sich um einen Säugling oder ein Kleinkind handelt. In vielen Regionen Deutschlands wird dann ein spezielles Kinderteam geschickt.

Die Entwicklung des Kindes

Bei Kindern im Säuglings- und Kleinkindalter treten beim körperlichen Wachstum und der geistigen Entwicklung oft typische Beschwerden auf, so dass hier bestimmte homöopathische Arzneien zur Unterstützung des gesunden Reifens und der Entwicklung immer wieder gefragt sind.

Säuglinge

Die erste Lebenswoche (Wochenbett) steht für Mutter, Vater und Kind unter dem Erlebnis der Geburt. Bei Gesundheitsstörungen des Säuglings direkt nach und durch die Geburt sind häufig die homöopathischen Arzneien Opium, Arnica oder Cuprum angezeigt (Kapitel *Nach der Geburt*).

Muttermilch gilt als die gesündeste und am besten geeignete Ernährung für den Säugling. Das Stillen sollte daher an erster Stelle stehen, sofern nicht – in Ausnahmefällen – schwerwiegende Gründe oder Erkrankungen dagegen sprechen. Probleme, die in Zusammenhang mit dem Stillen auftreten, können gut homöopathisch behandelt werden (Kapitel *Stillprobleme*).

In den ersten drei Lebensmonaten kann es darüber hinaus zu einer Vielzahl von Beschwerden kommen: Bei der Neugeborenengelbsucht (Ikterus) liegt eine meist normale Gelbverfärbung der Haut vor. Hier können begleitend zur konventionellen Behandlung homöopathische Arzneien unterstützend zur Anwendung kommen (Kapitel *Neugeborenengelbsucht*).

In den ersten drei Monaten kommt es häufig zu einer gereizten, entzündeten Haut im Windelbereich (Windeldermatitis), manchmal auch im Mundbereich (Mundsoor). Diese Erscheinungen lassen sich gut homöopathisch und naturheilkundlich behandeln (Kapitel

Windeldermatitis, Mundsoor). In dieser Zeit tritt bei einigen Kindern auch der Milchschorf auf (Kapitel *Milchschorf*).

Eine schwierige Zeit beginnt, wenn es zu den Dreimonatskoliken kommt (Kapitel *Dreimonatskoliken*). Auch hier erweist sich die Homöopathie als hilfreich.

Im 4.–6. Monat wird es allmählich ruhiger, bis dann die Zahnungsbeschwerden (Kapitel *Zahnung*) eintreten.

Im folgenden halben Jahr treten zum einen immer wieder Beschwerden durch das Zahnen auf, andererseits beginnt das Kind, sich mit Infektionen auseinanderzusetzen. Hierdurch lernt das Immunsystem immer wieder dazu und wird ständig trainiert. Es handelt sich um eine wichtige Phase, die von Fieber, Halsschmerzen, Ohrenschmerzen, Husten und Schnupfen geprägt ist (Kapitel *Fieber, Halsschmerzen, Ohrenschmerzen, Husten, Schnupfen*).

Mit der Zufütterung von Breikost ab dem 5. Monat können auch die ersten Ernährungsprobleme auftreten.

Für den Knochenaufbau sind eine ausreichende Versorgung mit Nährstoffen und tägliche Aufenthalte am Tageslicht (Vitamin D-Bildung) notwendig. Als „Fahrplan" für die normale Entwicklung des Kindes gilt:

Alter	Was kann das Kind?
6 Wochen	Lachen auf Ansprache
3 Monate	Eigenständige Kopfbewegungen mit Abstützen der Arme in Bauchlage
4 Monate	Freies Kopfhalten, langt nach Gegenständen
6 Monate	Freies Sitzen, Beginn des Krabbelns, gezieltes Greifen
10 Monate	Beginnt, sich hochzuziehen, läuft an Möbeln entlang
12 Monate	Steht allein, erste Schritte
18 Monate	Sicheres Gehen

Dieser „Fahrplan" ist lediglich eine Richtlinie und sollte nicht allzu wörtlich genommen werden, da viele Kinder hiervon um Wochen und Monate abweichen. Wenn eine bestimmte Fähigkeit jedoch komplett ausbleibt oder sich lange verzögert (z. B. das Krabbeln), sollte der Kinderarzt angesprochen werden. Die regelmäßige Durchführung der Vorsorgeuntersuchungen U1–U9 („Gelbes Heft") soll gewährleisten, dass Entwicklungsstörungen rechtzeitig erkannt werden. Gegebenenfalls kann dann eine entsprechende, weiterführende Diagnostik stattfinden und frühzeitig mit spezifischen Therapien wie z. B. Frühförderungen begonnen werden.

Kleinkinder

Das zweite Lebensjahr ist von der zunehmenden Beweglichkeit des Kindes geprägt. Es steht auf und beginnt, die Welt im aufrechten Gang zu erkunden. Mit 18 Monaten sollte es in der Regel sicher gehen können. Hierbei kann es bei noch unsicherem Gang und erst beginnender Gefahreneinschätzung insbesondere zu Verletzungen und Stürzen kommen (Kapitel *Verletzungen*).

Um den zweiten Geburtstag herum spricht das Kind die ersten Zwei- und Dreiwortsätze.

Im dritten Lebensjahr wird es zunehmend sicherer und selbstbewusster und erkundet seine Fähigkeiten und Möglichkeiten. Dies führt oft zu Auseinandersetzungen mit den Eltern, wenn das Kind trotzig, wütend, unverschämt oder aggressiv ist und seine Grenzen erfährt. In dieser Phase werden das Sozialverhalten des Kindes und die Konfrontationsfähigkeit trainiert! Die Kinder sehen sich als den Mittelpunkt der Welt und finden es schwirig, Dinge abzugeben. In diese Phase fällt häufig dann die Geburt eines Brüderchens oder Schwesterchens, was nicht selten zu Verlustängsten, Eifersucht, Schlafproblemen und Verhaltensauffälligkeiten führt.

/// Einführung

Im vierten Lebensjahr kommt das Kind meist in den Kindergarten und muss hier die sozialen Verhaltensweisen und Überlebensstrategien trainieren. Die Gruppe der vertrauten Menschen wird um die Erzieher und die anderen Kinder erweitert, und das Kind wird zunehmend autarker und selbstständiger. In diese Phase können allerlei Stress- und Anpassungsschwierigkeiten fallen.

Durch den ständigen Kontakt mit Gleichaltrigen treten nun wiederum gehäuft Infektionskrankheiten auf: Dies reicht von grippalen Infekten mit Fieber über Mittelohrentzündungen bis hin zu den klassischen Kinderkrankheiten wie Scharlach, Mumps, Windpocken, Masern oder Röteln – je nachdem, ob und wogegen geimpft wurde.

Im Kindergarten kann sich das Kind auch mit Kopfläusen, Krätzemilben oder Darmparasiten infizieren.

Schließlich kommt das Kind in die Schule. Hiermit endet auch zugleich unsere Sandkastenfibel! Zur weiteren Lektüre empfehlen wir Ihnen von denselben Autoren *Die homöopathische Schülerfibel – Homöopathie für Schulkinder, das 1 x 1 für Eltern* (Essen: KVC Verlag 2016).

DIE KRANKHEITEN

Beschwerden von Neugeborenen

Direkt nach der Geburt kann es zu einer Reihe von Beschwerden kommen, die direkt auf das Geburtstrauma zurückzuführen sind.

Allgemein gilt, dass das Neugeborene nach der Geburt so viel wie möglich Körper- und Hautkontakt mit der Mutter haben sollte („Känguru-Methode"), da es Nähe und Wärme benötigt.

Das Kephalhämatom (Bluterguss)

Beim Geburtsvorgang kann es durch die mechanische Beanspruchung des Kopfes zu einer Verletzung der Blutgefäße der Knochenhaut des Schädels kommen, wodurch ein Bluterguss am Schädel entstehen kann. Hier hilft Arnica D12, 2 x täglich 3 Globuli unter die Zunge, das Hämatom zurückzubilden.

Das schläfrige Neugeborene

Wenn das Neugeborene nach der Geburt auffallend schläfrig ist, Atemunregelmäßigkeiten zeigt, nicht trinken will oder Urin und Stuhl zurückhält, sollte unbedingt ein Kinderarzt hinzugezogen werden. Hinter diesen Beschwerden können sich unter Umständen schwerwiegende Probleme, wie z. B. eine Infektion oder eine Störung im Stoffwechsel verbergen. Dies sollte unbedingt rasch abgeklärt werden!

Wenn von Seiten des Kinderarztes bzw. der Geburtsklinik keine dringende Therapienotwendigkeit gegeben ist und eher der Geburtsstress oder -schock als Ursache in Frage kommt, so kann beim schlappen, schläfrigen Neugeborenen eine homöopathische Einzelgabe Opium D30, 3 Globuli in den Mund gelegt, versucht werden.

III Die Krankheiten

Das unruhige Neugeborene

Wenn die Kinder nach der Geburt extrem unruhig sind, schreien, kaum schlafen, unter Bauchkrämpfen leiden, blass sind, würgen und im Schwall erbrechen, sollte ein Versuch mit Cuprum D30 gemacht werden (Einzelgabe 3 Globuli). Cuprum ist auch bei Krämpfen und Zuckungen die wichtigste Arznei und auch bei Frühgeborenen häufig begleitend hilfreich. Natürlich sollte auf jeden Fall der Kinderarzt aufgesucht werden.

Neugeborenengelbsucht

Bei der Neugeborenengelbsucht (Ikterus) liegt eine meist normale Gelbverfärbung der Haut vor, die sich aus dem Wechsel von der Nabelschnuratmung auf die Lungenatmung und den daraus bedingten Veränderungen der Blutzusammensetzung ergibt. Der frühe Blutfarbstoff Hämoglobin F wird nun durch den normalen Blutfarbstoff Hämoglobin ersetzt und muss abgebaut werden, was zur Gelbverfärbung führt. Behandlungsbedürftig ist die Neugeborenengelbsucht nur, wenn sie bei Frühgeborenen oder extrem stark oder verlängert (Icterus gravis) auftritt. In diesem Fall wird Neugeborenen zur genauen Feststellung der Schwere der Gelbsucht Blut aus der Ferse oder aus einer Vene entnommen und beim Überschreiten bestimmter Grenzwerte eine Therapie eingeleitet.

Bei der akuten Neugeborenengelbsucht kann begleitend zu den Maßnahmen der Kinderklinik Phosphorus D30, 1 x 3 Globuli (Einzelgabe) als wichtigste Arznei gegeben werden. Das Kind ist typischerweise müde und matt und schläft meist. Wenn das Kind nicht berührt werden möchte und sehr unruhig ist, kann an Arnica D30 gedacht werden (1 x 3 Globuli als Einzelgabe).

Hält die Neugeborenengelbsucht länger als 14 Tage an, spricht man von einer verlängerten Gelbsucht (Icterus prolongatus). Hier kann begleitend zur Therapie des Kinderarztes Lycopodium D12, 2 x täglich 3 Globuli, gegeben werden, wenn das Kind an Blähungsbeschwerden leidet und insgesamt recht trocken erscheint. Wenn das Kind weiterhin sehr schlapp und müde ist, kann Sepia D12, 2 x täglich 3 Globuli, unterstützend verabreicht werden.

Entbindungslähmungen

Während der Geburt kommt es gelegentlich zu einer Nervenschädigung mit Lähmung meist eines Armes. Neben der orthopädischen und krankengymnastischen Behandlung sollte so früh wie möglich ein Behandlungsversuch mit Hypericum D12, 2–3 x täglich 3 Globuli, durchgeführt werden. Zur homöopathischen Folgebehandlung sollte ein homöopathischer Arzt hinzugezogen werden.

III Die Krankheiten

Beschwerden im Säuglingsalter

Stillprobleme

In der ersten Woche lernt das Kind das Trinken an der Brust. Hierbei kann es von Seiten der Mutter und des Kindes zu einer ganzen Reihe von Problemen kommen. Oft möchte das Kind nicht richtig trinken, oder es erbricht die Muttermilch. Ein Kontakt mit der Hebamme ist bei diesen Stillproblemen hilfreich. Viele Geburts- und Kinderkliniken verfügen inzwischen sogar über speziell ausgebildete Stillberaterinnen, die hervorragende praktische Tipps für eine harmonische Stillbeziehung geben können.

Das Kind sollte möglichst rasch nach der Geburt an die Brust angelegt werden, weil hierdurch die Milchbildung angeregt wird. Das Stillen sollte in einer ruhigen, angenehmen und entspannenden Atmosphäre erfolgen. Das Kind sollte richtig angelegt sein, die Position kann immer wieder gewechselt werden. Es sollte zunächst nur gestillt werden, wenn es Hunger hat. Zufüttern von Flaschenmilch ist nur in Ausnahmefällen erforderlich und sollte möglichst vermieden werden, da die Muttermilchmenge sonst abnimmt. Die Milchbildung bei der Mutter kann durch eine Massage der Brust mit einem Stillöl ab der 38. Schwangerschaftswoche (z. B. Weleda Stillöl), angeregt werden. Ein Stilltee mit Anis, Kümmel, Fenchel und Bockshornklee unterstützt die Milchbildung (z. B. Weleda Stilltee). Bei fehlendem Milcheinschuss kann die Milchbildung zusätzlich mit Urtica urens D6, 3 x täglich 3 Globuli über 3 Tage, gefördert werden.

Wenn die Kinder zu träge sind und das Stillen nicht gut klappt, können unterstützend folgende homöopathische Arzneien gegeben werden:

Arznei	Beschreibung	Dosierung
Silicea	Eine wichtige Arznei, wenn das Kind die Muttermilch ablehnt und Muttermilch zu Durchfall führt. Häufig ist das Kind sehr zart gebaut und leidet außerdem unter Nabel- oder Augenentzündungen. Auch eine Kopfgeschwulst (Caput succedaneum) oder ein Hämangiom (Blutschwamm) können vorliegen.	1 x täglich 3 Globuli D12
Calcium carbonicum	Das Kind ist trinkfaul und schwitzt viel, besonders am Hinterkopf, und riecht häufig säuerlich. Es erbricht immer wieder die Muttermilch.	1 x täglich 3 Globuli D12
Acidum phosphoricum	Das Kind ist vom ständigen Erbrechen erschöpft und apathisch. Der Kinderarzt sollte aufgesucht werden, als begleitender Therapieversuch kann Acidum phosphoricum gegeben werden.	Einzelgabe 3 Globuli D30

Dreimonatskoliken

Die so genannten Dreimonatskoliken oder Trimenonkoliken werden für Eltern und Kinder meist zur ernsten Belastungsprobe. Das Darmsystem des Kindes passt sich in den ersten Lebenswochen an die Umgebung an, und es entsteht darin eine bakterielle Mikroflora. Das Kind wird plötzlich unruhig, schläft schlecht, wacht häufig auf und schreit immer wieder, ohne dass offensichtlich ist, woran es liegt. Die Eltern leiden intensiv mit.

Eine gute Selbsthilfe ist eine vorsichtige Bauchmassage des Säuglings (im Uhrzeigersinn, vom Nabel spiralförmig ausgehend) mit Melissenöl oder Weleda Baby-Bäuchleinöl. Die stillende Mutter sollte entblähende Tees aus Anis, Kümmel, Fenchel und Bockshornklee trinken (z. B. Weleda Stilltee). Ein strukturierter Tagesablauf (wickeln, füttern, spielen, schlafen) ist sehr wichtig. Bei unerklärlichem Schreien sollte immer ein Arztbesuch auf dem Programm stehen, um nicht mögliche andere Krankheiten zu übersehen.

Folgende homöopathische Arzneien können unterstützend und lindernd zur Anwendung kommen:

Arznei	Beschreibung	Dosierung
Chamomilla	Die wichtigste Arznei. Das Kind ist rot und zornig und schreit, wenn ihm etwas verweigert wird. Typisch ist die schlagartige Besserung des Zustandes, sobald es auf den Arm genommen und heftig geschaukelt wird.	Bis zu 3 x täglich 3 Globuli D12
Cina	Das Kind verweigert heftigst die Brust, es schreit unerträglich und ist extrem gereizt. Nur heftiges Wiegen beruhigt das Kind etwas. Wenn Chamomilla nicht hilft.	Bis zu 3 x täglich 3 Globuli D12
Cuprum	Das Kind leidet seit Geburt unter krampfartigem Erbrechen, oft im Schwall, und es hat viel Schluckauf. Es handelt sich um ein unruhiges Schreikind.	Bis zu 3 x täglich 3 Globuli D12
Nux vomica	Bei Koliken mit Verstopfung, oft ausgelöst durch zu scharfes Essen der stillenden Mutter, kann diese Arznei sehr hilfreich sein. Das Baby hat Blähungen und macht häufige Anstrengungen, den Darm zu entleeren.	Bis zu 3 x täglich 3 Globuli D12

Belladonna	Das Kind schreit plötzlich auf und überstreckt sich nach hinten. Es schreit ohne ersichtlichen Grund und hört plötzlich wieder auf, als ob gar nichts war. Rotes Gesicht und heiß-roter Kopf.	Bis zu 3 x täglich 3 Globuli D12
Carbo vegetabilis	Blasses Gesicht, kalte Beine, marmorierte Haut, der Bauch ist gebläht wie eine Trommel.	Bis zu 3 x täglich 3 Globuli D12
Magnesium carbonicum	Das Kind schwitzt und riecht sauer, krampfhafte Blähungen, das Kind zieht die Beine an den Körper. Grün-wässrig-schaumiger oder auch unverdauter Stuhlgang.	Bis zu 3 x täglich 3 Globuli D12
Lycopodium	Das Kind schreit besonders nachmittags zwischen 16 und 20 Uhr, dabei massive Blähungen.	Bis zu 3 x täglich 3 Globuli D12
Calcium phosphoricum	Das Kind ist zu unruhig zum Stillen und erbricht die Milch rasch nach dem Stillen. Außerdem kommt es zu Koliken und grünlichem Durchfall.	Bis zu 3 x täglich 3 Globuli D12

Mundsoor

Beim Mundsoor entstehen empfindliche Stellen an der Mundschleimhaut mit weißlichen Belägen. Meist handelt es sich dabei um eine Pilzinfektion mit Candida albicans. Die Behandlung erfolgt in Absprache mit dem Arzt. Im Mundbereich wird lokal steriler Rosenhonig aus der Apotheke verwendet (Mel rosatum): dem Säugling 4 x täglich ein erbsengroßes Stück in den Mund legen. Bitte keinen Imkerhonig verwenden, da dieser nicht immer steril ist. Alternativ kann die Mutter die Brustwarzen vor dem Stillen mit dem Rosenhonig einreiben.

Folgende homöopathische Arzneien können unterstützend und lindernd zur Anwendung kommen:

Arznei	Beschreibung	Dosierung
Borax	Das Kind leidet an Schleimhautentzündung und Schmerzen im Mund, sobald es die Brustwarze berührt. Es erschrickt und schreit bei Abwärtsbewegungen.	Bis zu 3 x täglich 3 Globuli D12
Chamomilla	Das Kind ist unerträglich und unruhig. Nur Wiegen und Tragen lindern schlagartig die Beschwerden.	Bis zu 3 x täglich 3 Globuli D12
Mercurius solubilis	Geschwürige Schleimhautentzündung des Mundes mit auffällig vermehrtem Speichelfluss, dabei Nachtschweiß und Mundgeruch.	Bis zu 3 x täglich 3 Globuli D12

Windeldermatitis

Wunde Stellen im Windelbereich können in der Stillperiode zur Qual von Kindern und Eltern werden. Oft handelt es sich dabei auch um eine Pilzinfektion mit Candida albicans. Diese erkennt man an weißlichen Belägen.

Homöopathie und Naturheilkunde bieten auch hier Behandlungsmöglichkeiten. Im Bereich des Afters und der Genitalien kann folgendermaßen vorgegangen werden: Der gesamte Bereich sollte täglich Licht, Luft und Wärme ausgesetzt werden, am besten durch Weglassen der Windel für jeweils 1–2 Stunden im Warmen (z. B. Wärmelampe). Die beste Therapie ist das Trocknen der Wundstellen. Dann kann dick Luvos Heilerde-Pulver aufgetragen werden, wodurch die nässenden Wundstellen austrocknen und die Entzündung beruhigt wird. Zur Nacht wird dann Ringelblumensalbe (Calendula) oder Johanniskrautöl (Hypericum) aufgetragen. Die Windeln sollten häufig gewechselt werden, um ein feuchtes und reizendes Mikroklima zu verhindern. Es empfiehlt sich, zur Behandlung einen homöopathischen Arzt aufzusuchen.

Folgende homöopathische Arzneien können unterstützend und lindernd zur Anwendung kommen:

Arznei	Beschreibung	Dosierung
Chamomilla	Akut entzündete, wunde Stellen im Windelbereich. Das Kind ist unerträglich und unruhig. Nur Wiegen und Tragen lindern schlagartig die Beschwerden.	Bis zu 3 x täglich 3 Globuli D12
Graphites	Große Wundheit, trocken-blutige Risse, das Ekzem nässt. Häufig auch Ekzeme am Kopf, zwischen den Fingern, in den Gelenkbeugen, hinter den Ohren, Risse in den Mundwinkeln oder an den Lidrändern. Träge und frostige Kinder.	Bis zu 3 x täglich 3 Globuli D12
Mercurius solubilis	Wunde Stellen in Verbindung mit schleimig-übelriechendem Durchfall, Nachtschweiß, dauernden Darmkrämpfen, schmierig gelbliche-Beläge. Wundstelle nässt.	Bis zu 3 x täglich 3 Globuli D12
Sulfur	Die Haut ist sehr wund und glänzt rötlich, auch Lippen und Naseneingänge erscheinen rötlich-wund. Das Kind mag den Wasserkontakt nicht. Kommt es zu einer Verschlimmerung, sollte Sulfur abgesetzt und ein homöopathischer Arzt aufgesucht werden.	Bis zu 3 x täglich 3 Globuli D12

Calcium carbonicum	Chronische Wundheit, schlaffe Kinder, viel Schwitzen am Kopf. Stuhlgang erst fest, dann weich, dann flüssig.	Bis zu 3 x täglich 3 Globuli D12
Arsenicum album	Schwache und unruhige Kinder, Frostigkeit und nächtliches Aufwachen. Trockene Wundheit.	Bis zu 3 x täglich 3 Globuli D12

Zahnung

Mit dem Durchbruch der Zähne gehen für die Kinder häufig unangenehme Krankheitsphasen einher. Die ersten Milchzähne erscheinen in der Regel ab dem 6.–7. Monat. Der Durchbruch verläuft jedoch von Kind zu Kind recht unterschiedlich. Die Schmerzen und Missempfindungen, die durch das Zahnen ausgelöst werden, führen häufig zu Schreien, leichtem Fieber, entzündlichen Veränderungen im Mund-, Rachen-, Ohren- und auch im Nasenbereich. Die Eltern leiden häufig intensiv mit. Es handelt sich beim Zahnen grundsätzlich um einen normalen Vorgang, der von der Natur vorgegeben ist. Daher muss auch nicht zwangsläufig mit homöopathischen Arzneien behandelt werden! Behandlungsbedarf besteht erst, wenn das Kind übermäßig leidet, es zu Fieber und begleitenden Krankheiten wie Durchfall oder Mittelohrentzündungen kommt. Bei früher Zahnkaries sollte ein Beratungsgespräch mit dem Zahnarzt geführt werden, eine konstitutionelle homöopathische Behandlung kann zusätzlich durchgeführt werden. Auch die Windeldermatitis ist eine häufige Begleiterscheinung der Zahnung (Kapitel *Windeldermatitis*).

Folgende homöopathische Arzneien können unterstützend und lindernd zur Anwendung kommen:

Arznei	Beschreibung	Dosierung
Chamomilla	Die wichtigste Arznei. Das Kind schreit immer wieder unruhig und laut, nur Wiegen oder Tragen lindert die Beschwerden schlagartig. Der Kopf ist rot, heiß und feucht. Oft ist die eine Wange rot, die andere blass. Es kann grünlich-schleimiger Stuhl mit Durchfall auftreten.	Bis zu 3 x täglich 3 Globuli D12
Belladonna	Die Beschwerden sind durch plötzliches Auftreten, Heftigkeit und intensive Röte geprägt. Das Zahnfleisch ist hoch rot geschwollen. Es kann hohes Fieber vorliegen. Das Kind hat einen heiß-roten Kopf, feuchte Haut und überstreckt sich beim Schreien.	Bis zu 3 x täglich 3 Globuli D12
Ferrum phosphoricum	Das Kind hat mäßiges Fieber, im Liegen ein rotes und beim Hochnehmen ein blasses Gesicht, Durchfall. Es erscheint ansonsten milde gestimmt und psychisch wenig beeinträchtigt.	Bis zu 3 x täglich 3 Globuli D12

Akute Erkrankungen

Fieber

Säuglinge und Kleinkinder leiden ganz natürlich immer wieder unter Beschwerden, Krankheiten und Entwicklungsschüben, die mit Fieber einhergehen. Die wichtigste Frage ist: Warum hat das Kind Fieber? Was sind die Ursachen? Liegt eine Infektion vor?

Ist die Ursache des Fiebers erkannt, sollte diese vorrangig behandelt werden.

Fieber hat den Sinn, die Immunabwehr zu unterstützen und gehört zu den natürlichen Abwehrmechanismen des Organismus. Daher sollten Sie sich immer fragen, ob eine Behandlung, ob schulmedizinisch oder homöopathisch, überhaupt durchgeführt werden muss. Erst ab 39,5 °C ist eine Fiebersenkung wirklich notwendig, dann helfen häufig auch einfache Maßnahmen, insbesondere Wadenwickel (nur jenseits des Säuglingsalters und wenn das Kind heiße Beine hat!) und Bauchwickel. Vergessen Sie nicht, bei Fieber und Hitze die Plastikwindeln abzunehmen (Hitzestau!). Das Kind sollte viel trinken. Eine Behandlung ist dann sinnvoll, wenn das Kind stark leidet und ausgeprägte Krankheitssymptome nach einer Behandlung verlangen.

Nicht allein die Höhe des Fiebers ist entscheidend, sondern die Beurteilung des Allgemeinzustandes: Sitzt das Kind trotz 39 °C Fieber im Zimmer und spielt, oder ist es schlapp und erschöpft? Trinkt es ausreichend, oder erbricht es sämtliche Flüssigkeiten?

Bei Säuglingen ist besondere Vorsicht geboten: Vor allem bei plötzlich auftretendem Fieber, Erbrechen, Trinkverweigerung oder Lethargie in den ersten Lebensmonaten sollte sofort ein Arzt hinzugezogen werden!
Eine Hirnhautreizung oder -entzündung sollte unbedingt ausgeschlossen werden. Außerdem kann hohes Fieber zu einer raschen innerlichen

> Austrocknung führen, insbesondere wenn die Kinder nicht trinken. Bei Trinkschwäche, Austrocknung und zunehmender Ermattung sowie in Kombination mit Erbrechen oder Durchfällen sollten deshalb rasch ein Kinderarzt oder eine Kinderklinik aufgesucht werden, wo eine entsprechende Behandlung durchgeführt werden kann.

Fieberkrämpfe treten gerade bei Säuglingen und Kleinkindern häufiger auf und erschrecken die Eltern stark, obwohl sie in der Regel ungefährlich sind.

Ein Fieberkrampf ist in den allermeisten Fällen nicht der Anfang eines chronischen Krampfleidens (Epilepsie), sondern ein so genannter „Gelegenheitskrampf". Hier sollte neben dem Kinderarzt auch ein homöopathischer Arzt zu Beratung und Therapie hinzugezogen werden.

Bei wiederkehrenden Fieberkrämpfen werden allgemein eine fiebersenkende Therapie mit konventionellen Zäpfchen (Paracetamol), ggf. auch krampflösende Medikamente empfohlen. Häufig spricht die Erkrankung aber auch auf die Homöopathie an. Der erste Fieberkrampf sollte immer umfassend ärztlich abgeklärt werden.

Folgende homöopathische Arzneien können unterstützend und lindernd zur Anwendung kommen:

Die Krankheiten III

Arznei	Beschreibung	Dosierung
Aconitum	Eine hervorragende Arznei für alle Erkrankungen, die urplötzlich und „sturmartig" auftreten und mit Unruhe, Herzklopfen oder auch Angst einhergehen. Den Beschwerden voran geht häufig ein Aufenthalt im trocken-kalten Wind oder ein akuter Schreck oder Schock. Aconitum ist eine typische Arznei für Anfangsstadien von akuten entzündlichen Erkrankungen.	Bis zu 3 x täglich 3 Globuli D12
Belladonna	Eine der wichtigsten Arzneien bei akutem Fieber, Entzündungen und Infektionen. Leitsymptome sind Blutandrang zum Kopf mit heißem Gesicht, feuchte Haut, Pochen, Hitzegefühl sowie Rötung und Schwellung. Erweiterte Pupillen und geschwollene Lymphknoten. Die Beschwerden beginnen plötzlich und heftig. Sie werden schlimmer durch Berührung, Bewegung, Erschütterung, Licht, Geräusche. Besserung erfolgt durch Wärme und Ruhe.	Bis zu 3 x täglich 3 Globuli D12
Chamomilla	Das Kind ist unzufrieden und unerträglich, hat schwitzige und gerötete Haut, die eine Wange ist rot, die andere blass. Der Schlaf ist von Schreianfällen unterbrochen. Es fühlt sich nur wohl, wenn es auf den Arm genommen und heftig geschaukelt wird.	Bis zu 3 x täglich 3 Globuli D12

III Die Krankheiten

Ferrum phosphoricum	Wichtiges Arzneimittel im Anfangsstadium fieberhafter Infekte. Rötung des Gesichts im Wechsel mit Blässe, auch Nasenbluten. Die Arznei passt immer dann, wenn die Krankheit mild erscheint, das Kind trotz hohem Fieber aber wenig beeinträchtigt ist. Kühle bessert, Wärme, Berührung und Bewegung verschlimmern. Wichtig bei entzündlichen Prozessen, z. B. Mittelohrentzündung, viraler Bronchitis, Reizhusten, Bindehautentzündung. Wässrige und unverdaute, schmerzlose Durchfälle im Sommer und Herbst.	Bis zu 3 x täglich 3 Globuli D12
Eupatorium perfoliatum	Eine wichtige Arznei bei grippalen Infekten und Fieber. Leitsymptome sind ausgeprägte Glieder- und Knochenschmerzen, der Körper fühlt sich wie zerschlagen an. Das Kind wird durch Gliederschmerzen rastlos und bewegt sich ständig im Bett hin und her, keine Lage bringt Linderung. Erschöpfung und Schweregefühl des Körpers, Frösteligkeit, Zittern, Durst.	Bis zu 3 x täglich 3 Globuli D12
Gelsemium	Typisch sind Benommenheit, Schwäche, Schweregefühl und Zittern. Das Kind bekommt vor Schwäche die Augen kaum auf, sieht verschwommen und hat Kopfschmerzen. Er wird zunehmend apathisch. Zerschlagenheitsgefühl. Frösteligkeit und Durstlosigkeit. Wärme verschlimmert. Reichlicher Harnabgang verbessert.	Bis zu 3 x täglich 3 Globuli D12
Mercurius solubilis	Fieber mit ausgeprägtem Nachtschweiß, wechselnden Temperaturen, starkem Speichelfluss und Mundgeruch, nächtlicher Verschlimmerung.	Bis zu 3 x täglich 3 Globuli D12

Arsenicum album	Das Kind ist rastlos und unruhig, erschöpft vom Fieber und hat starke Angst vor dem Alleinsein. Schüttelfrost. Es ist durstig und möchte ständig kleine Schlucke trinken. Häufig in Kombination mit Durchfall.	Bis zu 3 x täglich 3 Globuli D12
Bryonia	Fieber in Kombination mit trockenem Husten. Absolutes Ruhebedürfnis des Kindes, es liegt vollkommen still und möchte nicht gestört werden. Großer Durst. Trockene Lippen.	Bis zu 3 x täglich 3 Globuli D12
Pulsatilla	Das Kind ist sanft und weinerlich. Es ist durstlos trotz Fieber, frische Luft bessert, Schnupfen mit gelblichem Sekret, Ohrenschmerzen.	Bis zu 3 x täglich 3 Globuli D12
Rhus toxicodendron	Fieber nach feuchtkaltem Wetter und Durchnässung mit Muskelschmerzen, Rastlosigkeit und Bewegungsdrang, Lippenherpes.	Bis zu 3 x täglich 3 Globuli D12
Nux vomica	Heftiges Frieren, das Kind verlangt nach Wärme, heißen Getränken und ist reizbar gestimmt.	Bis zu 3 x täglich 3 Globuli D12

Halsschmerzen

Halsschmerzen sind meist auf Infekte und Entzündungen des Rachens und der Mandeln zurückzuführen. Die meisten Infekte sind durch Viren ausgelöst und erfordern daher keine Antibiotikatherapie, da sich diese nur gegen Bakterien richtet. Eine antibiotische Behandlung ist daher nur bei sehr ausgeprägter bakterieller Entzündung und Komplikationen sinnvoll. Zuvor kann meist eine homöopathische Therapie versucht werden, die vielfach gute Ergebnisse bringt.

Ein Rachenabstrich ist bei ausgeprägten, anhaltenden Beschwerden mit Hinweisen auf eine bakterielle Ursache sinnvoll. Die Art der Bakterien wird im Labor bestimmt, im Anschluss wird eine gezielte Antibiotikatherapie eingeleitet. Im Rachenraum befindet sich besonders viel lymphatisches Gewebe, das für die Abwehrreaktion des Immunsystems notwendig ist, insbesondere die Mandeln (Tonsillen). Bei chronischer Mandelentzündung wird der HNO-Arzt möglicherweise eine operative Entfernung vorschlagen. Durch eine konstitutionelle homöopathische Behandlung lässt sich dies häufig umgehen, und die chronischen Infekte heilen ab. Einen Versuch ist es allemal wert! Einfache Selbsthilfemöglichkeiten sind:

- Regelmäßiges Spülen und Gurgeln mit Salzwasserlösungen, Salbeitee oder Kamillentee (nur bei größeren Kindern möglich)
- Täglich 2 x Zitronenwickel um den Hals: in eine Schüssel einen Becher warmes Wasser und dazu 1 EL Zitronensaft geben, ein Baumwolltuch darin tränken, um den Hals legen und dann mit einem Wolltuch umwickeln, mit Leukoplast ankleben, Dauer: 30–60 Minuten, danach Innentuch gut ausspülen
- Alternativ können auch zimmerwarme Quarkwickel zur Anwendung kommen.

Folgende homöopathische Arzneien können unterstützend und lindernd zur Anwendung kommen:

Arznei	Beschreibung	Dosierung
Aconitum	Plötzlich und akut auftretende Halsschmerzen, nach kaltem trockenem Wind, mit Heiserkeit. Das Kind ist unruhig und häufig ängstlich (siehe auch Kapitel *Fieber*).	2–3 x täglich 3 Globuli D12
Belladonna	Leitsymptom ist die akut-hochrote Schwellung, Gefühl, als sei Pfeffer im Hals, Trockenheit des Mundes und der Lippen. Blutandrang zum Kopf mit heißem Gesicht, feuchter Haut, Pochen, Hitzegefühl sowie Rötung und Schwellung. Die Beschwerden beginnen plötzlich und heftig. Sie werden schlimmer durch Berührung (Halswickel werden nicht ertragen!), Bewegung, Erschütterung, Licht, Geräusche, Besserung erfolgt durch Wärme und Ruhe. Erweiterte Pupillen. Stark geschwollene Halslymphknoten.	2–3 x täglich 3 Globuli D12
Apis	Leitsymptome sind die hochrot-glänzende und starke Schwellung von Rachen und Mandeln und brennende Schmerzen. Auffällig ist die Durstlosigkeit der Kinder, wenig Urin, bei Besserung Harnflut.	2–3 x täglich 3 Globuli D12
Phytolacca	Rachen und Mandeln sind dunkelrot-bläulich entzündet, häufig sind die Beschwerden rechts ausgeprägter als links, Schmerzen strahlen in die Ohren aus, das Schlucken ist sehr schmerzhaft. Kalte Getränke bessern.	2–3 x täglich 3 Globuli D12

Lachesis	Rachen und Mandeln sind rötlich-bläulich-violett entzündet, häufig sind die Beschwerden zu Beginn linksseitig, können dann nach rechts ziehen. Die Kinder sind an Hals und Haut sehr empfindlich gegen Berührung und können unter Erstickungsängsten leiden. Das Trinken kalter Getränke bessert, während warme Getränke verschlimmern. Es besteht ein Kloßgefühl im Hals.	2–3 x täglich 3 Globuli D12
Mercurius solubilis	Es liegt meist eine schwere Entzündung, häufig mit vereiterten Mandeln vor, der Rachen ist wund, rau und brennend, charakteristisch sind ausgeprägte Nachtschweiße und Speichelfluss. Die Lymphknoten sind stark geschwollen. Zahnfleisch und Zunge sind angeschwollen und belegt, es sind Zahneindrücke auf der Zunge (von der Seite) zu sehen. Fauliger Mundgeruch.	2–3 x täglich 3 Globuli D12
Hepar sulfuris	Die Mandeln vereitern, die Kinder sind sehr frostig und schwitzen (käsiger Geruch), warme Getränke bessern. Die Schmerzen fühlen sich an wie Splitter in den Mandeln. Zugluft verschlimmert die Beschwerden.	2–3 x täglich 3 Globuli D12
Rhus toxicodendron	Rachenentzündung nach feuchter Kälte und Durchnässung. Die Kinder leiden unter Rastlosigkeit, ausgeprägter Unruhe und Bewegungsdrang. Wärme bessert.	2–3 x täglich 3 Globuli D12

Bei einer chronischen Mandelentzündung sollte eine konstitutionelle Behandlung bei einem homöopathischen Arzt durchgeführt werden. Häufig lässt sich hierdurch eine operative Entfernung der Mandeln verhindern.

Ohrenschmerzen, Mittelohrentzündung

Die akute Mittelohrentzündung ist eine häufige Krankheit im Kleinkindesalter. Meist schwillt die Eustachische Röhre, die das Mittelohr mit dem Rachenraum verbindet, während Erkältungskrankheiten mit Entzündung der Rachenschleimhaut zu. Nun gelingt der Druckausgleich nicht mehr. Wenn sich dann im Mittelohr entzündliche Sekrete (Eiter) ansammeln, entsteht Druck auf den Ohren, später treten zunehmend Schmerzen auf. Schreitet die Entzündung fort, kann es zu einer eitrigen Entzündung und auch zum Durchbruch des Trommelfells kommen, wodurch die entzündlichen Sekrete nach außen in den Gehörgang ablaufen und der Entzündungsprozess entlastet wird. Der Trommelfelldurchbruch ist keine Katastrophe, da das Trommelfell in aller Regel wieder heilt und sich problemlos verschließt. Nur bei immer wiederkehrendem Durchbruch droht eine Vernarbung des Trommelfells mit daraus folgender Hörminderung. Allermeist ist eine Antibiotika-Behandlung nicht notwendig, und die Mittelohrentzündung lässt sich homöopathisch und mit naturheilkundlichen Selbsthilfemaßnahmen gut behandeln.

Als akute Selbsthilfemaßnahme hat sich der Zwiebelwickel bewährt. Hierbei werden fein geschnittene und leicht angedünstete Zwiebeln in einen Baumwolllappen (Taschentuch) gewickelt, auf das Ohr gelegt und dort mit einer Mütze oder einem Stirnband befestigt. Kommt es unter dieser Behandlung noch zu einer Verschlimmerung, sollte unbedingt ein Arzt aufgesucht werden!

Die Nase sollte mehrfach täglich mit Kochsalzlösung (0,9%) getropft werden (Apotheke). Bei intensiven Schmerzen kann schulmedizinisch z.B. Paracetamol oder Ibuprofensaft gegeben werden, falls die homöopathische Behandlung und die Zwiebelwickel nicht ausreichend

schmerzlindernd wirken. Ohrentropfen sollten nicht verabreicht werden, da bei einem Riss im Trommelfell keine Flüssigkeit ins Innenohr dringen sollte. Antibiotika kommen bei schweren oder komplizierten Mittelohrentzündungen und bei Knochenbeteiligung (Mastoiditis) zur Anwendung.

Folgende homöopathische Arzneien können unterstützend und lindernd zur Anwendung kommen:

Arznei	Beschreibung	Dosierung
Aconitum	Plötzlich und akut auftretende Mittelohrentzündung nach kaltem Wetter oder Ostwind. Die Kinder sind unruhig und häufig ängstlich. Das Ohr und die ohrseitige Wange sind gerötet. Aconitum ist häufig die erste Arznei, danach müssen meist andere Arzneien folgen.	2–3 x täglich 3 Globuli D12
Belladonna	Heftige Entzündung, Pochen und Blutfülle im betroffenen Ohr, bohrende und ziehende Schmerzen, häufig rechts. Das Kind schreit vor Schmerzen, und nichts scheint zu helfen.	2–3 x täglich 3 Globuli D12
Pulsatilla	Die Kinder sind weinerlich, zuwendungsbedürftig und sehr anhänglich, haben trotz Fieber keinen Durst, es läuft gelbliches Sekret aus den Ohren. Schnupfen mit gelblichem Sekret. An der frischen Luft sind die Beschwerden besser, während Bettwärme verschlimmert.	2–3 x täglich 3 Globuli D12

Apis	Das betroffene Ohr ist stark geschwollen und gerötet. Brennende und stechende Schmerzen. Auch Rachen und Gesicht erscheinen geschwollen. Durstlosigkeit trotz Fieber. Das Kind schreit immer wieder schrill auf.	2–3 x täglich 3 Globuli D12
Chamomilla	Unerträgliche Schmerzen, das Kind ist wütend und unzufrieden. Eine rote und eine blasse Wange. Das Kind möchte getragen werden. Schlimmer im Warmen. Ohrenschmerzen beim Zahnen.	2–3 x täglich 3 Globuli D12
Hepar sulfuris	Bei eitriger Mittelohrentzündung und nach Trommelfellperforation. Unerträglich scharfe und stechende Schmerzen, wie von Splittern. Häufig nach starker Kälte. Falls Hepar sulfuris nicht hilft, sind meist Antibiotika angezeigt.	2–3 x täglich 3 Globuli D12
Ferrum phosphoricum	Ohrenentzündung bei undeutlichen Symptomen, roter Kopf, Pochen.	2–3 x täglich 3 Globuli D12
Mercurius solubilis	Langwieriger und chronischer Verlauf, eitrige Mittelohrentzündung, Nachtschweiße, nächtliche Verschlimmerung, Speichelfluss.	2–3 x täglich 3 Globuli D12
Capsicum	Wenn andere Arzneien nicht geholfen haben, Ohrenschmerzen und Heimweh.	2–3 x täglich 3 Globuli D12

Hinweis zur Dosierung: Bei heftigen Ohrenschmerzen können auch 3 Globuli der passenden Arznei in D12 oder D30 in einem kleinen Glas Wasser aufgelöst werden. Nach Umrühren mit einem Plastiklöffel („Verkleppern") kann von dieser Lösung alle 15–30 Minuten 1 Teelöffel verabreicht bzw. ein Schluck getrunken werden, bis die Schmerzen nachlassen.

Eine häufige Ursache für chronische (immer wiederkehrende) Mittelohrentzündungen und andere Infektionen sind nicht selten die landläufig so genannten „Polypen". Gemeint ist hier die Vergrößerung des lymphatischen Gewebes im Rachen, auch als „Adenoide" bezeichnet. Durch die Schwellung im Rachen wird die Atmung durch die Nase behindert, was sich durch einen ständig offenen Mund und nächtliches Schnarchen zeigt. Nicht selten wird dann zu einer operativen Entfernung (Adenotomie) geraten, welche ab dem 2. Lebensjahr möglich ist. Allerdings kann dieses Problem gut homöopathisch angegangen werden. Hier wird am besten eine konstitutionelle Behandlung bei einem homöopathischen Arzt durchgeführt.

Husten und Bronchitis

Einfache Selbsthilfemaßnahmen bei Husten sind Inhalationen mit Kochsalz (z. B. Emser Inhalationslösung): Sie lösen bei akutem Erkältungshusten den Schleim. Thymiantee hilft, den Husten zu lösen. Bei Kleinkindern lindert auch ein Löffel Honig zum Lutschen den Hustenreiz.

Auch Zitronenwickel können zur Anwendung kommen: Eine Zitrone auspressen und den Saft in eine kleine Schale warmes Wasser geben, ein Leinentuch darin tränken, auswringen, um die Brust legen und ein Handtuch darum herum legen, für etwa eine Stunde belassen.

Bei spastischer Bronchitis und asthmatischen Beschwerden wird mit bronchienerweiternder Salbutamollösung (vom Arzt verschrieben) inhaliert, hierzu gibt es auch elektrische Vernebler, die in der Apotheke ausgeliehen oder verschrieben werden können (z. B. PARI BOY®).

Bei rasselndem Husten sind auch Quarkwickel bewährt: Zimmerwarmer Magerquark wird durch ein Tuch ausgepresst, dann auf ein Baumwolltuch oder eine Stoffwindel zentimeterdick ausgestrichen und um die unteren Rippenbögen gelegt, wo der Wickel, von einem Hemd bedeckt, eine Stunde verbleibt.

Auch sanfte Klopfmassagen des Rückens helfen, den Schleim zu lösen. Folgende homöopathische Arzneien können unterstützend und lindernd zur Anwendung kommen:

Arznei	Beschreibung	Dosierung
Aconitum	Plötzlich und akut auftretender trockener Husten mit Heiserkeit, Herzklopfen, Unruhe und Ängstlichkeit. Das Kind erwacht panikartig aus dem Schlaf und ist verängstigt. Husten nach kaltem Wind.	2–3 x täglich 3 Globuli D12
Belladonna	Hohl-bellender Husten, häufig bei Kinderkrankheiten wie Masern, Schmerzen des Brustkorbs beim Husten, roter Kopf und Blutstau im Gesicht, feuchtes Schwitzen, hohes Fieber.	2–3 x täglich 3 Globuli D12
Hepar sulfuris	Trocken-bellender Husten bei eiskaltem Wetter und kaltem Wind. Das Kind ist massiv kälteempfindlich und verträgt keine Zugluft oder das Entblößen von Körperteilen. Gefühl, als ob ein Splitter im Hals steckt.	2–3 x täglich 3 Globuli D12
Drosera	Trockener Reizhusten, krampfartig mit Kitzeln im Kehlkopf, häufig auch in Kombination mit Würgen und Erbrechen, oft nachts auftretend.	2–3 x täglich 3 Globuli D12
Jodum	Trockener Reizhusten, wenn das Kind sehr hitzig und heiß ist. Kratzen im Kehlkopf. Hungrige und aktive Kinder.	2–3 x täglich 3 Globuli D12
Phosphorus	Jede Erkältung schlägt auf die Bronchien, lang gewachsene und feingliedrige Kranke, sehr sensible und beeindruckbare Kinder. Hitzewallungen, Heiserkeit, Durst auf kalte Getränke, Nasenbluten, Husten ausgelöst durch Jucken in Kehlkopf oder Brust, brennendes Hitzegefühl, Nasenbluten. Linksseitige Beschwerden.	2–3 x täglich 3 Globuli D12

Bryonia	Jeder Hustenstoß tut weh, und das Kind vermeidet jegliche Bewegung. Trockene Schleimhäute und viel Durst.	2–3 x täglich 3 Globuli D12
Rumex	Trockene Hustenanfälle, die mit einem Kitzeln von der kleinen Halsgrube ausgehen. Hustenanfälle nach Atmen kalter Luft oder beim Verlassen warmer Räume, abendliche Verschlimmerung.	2–3 x täglich 3 Globuli D12
Antimonium tartaricum (= Tartarus emeticus)	Verschleimende Rasselbronchitis, Brodeln. Das Kind ist blass und erschöpft und kann den Schleim nicht gut abhusten.	2–3 x täglich 3 Globuli D12
Natrium sulfuricum	Spastische Bronchitis mit Rasseln, tritt immer wieder nach feuchter Luft oder Nebel auf.	2–3 x täglich 3 Globuli D12
Kalium bichromicum	Schwäche, starkes Schwitzen und fadenziehender zäher Schleim, häufig auch Stirn- und Nasennebenhöhlenentzündung.	2–3 x täglich 3 Globuli D12
Eupatorium perfoliatum	Wundheits- und Zerschlagenheitsgefühl im Brustbereich, Gliederschmerzen.	2–3 x täglich 3 Globuli D12

Pseudokrupp

Beim Pseudokrupp handelt es sich um eine Sonderform des Hustens, der vor allem Kleinkinder betrifft. Durch einen Virusinfekt ausgelöst, kommt es meist nach dem ersten Schlaf – um Mitternacht – aus heiterem Himmel zu heftigen Hustenanfällen, die sehr bedrohlich wirken. Sie sind gekennzeichnet durch lauten, bellenden Husten, sichtbare Atembeschwerden und ein pfeifendes Atemgeräusch bei der Einatmung (inspiratorischer Stridor).

Wichtige Sofortmaßnahmen sind: unbedingt selbst (!) Ruhe bewahren, das Kind auf den Arm nehmen und beruhigen. Dies ist oft schon die Hälfte der Therapie! Hilfreich ist in der Regel kühle und feuchte Luft, z. B. einfach mit dem Kind am offenen Fenster stehen oder – im Sommer – Kühlschrank öffnen und kalte Luft inhalieren lassen. Sollte sich die Symptomatik nicht rasch bessern, sollten Sie einen Arzt oder das Krankenhaus aufsuchen.

Folgende homöopathische Arzneien können unterstützend und lindernd zur Anwendung kommen. Die Arzneien können auch im stündlichen Wechsel eingenommen werden:

Arznei	Beschreibung	Dosierung
Aconitum	Plötzlich und akut auftretender trockener Husten mit Heiserkeit, Herzklopfen, Unruhe und Ängstlichkeit. Das Kind erwacht panikartig aus dem Schlaf und ist verängstigt. Husten nach kaltem Wind. Erstes Mittel bei Pseudokrupp.	3 Globuli D12, verkleppert in Wasser, alle 15–30 Minuten einen Schluck trinken
Spongia	Trockener, bellender Husten, trockene Schleimhäute, massive Heiserkeit, Kehlkopfschmerzen, muss sich permanent räuspern, pfeiffendes Geräusch beim Einatmen.	3 Globuli D12, verkleppert in Wasser, alle 15–30 Minuten einen Schluck trinken

Bei chronischer Bronchitis, Asthma und wiederkehrenden Infekten empfiehlt es sich, eine konstitutionelle Therapie bei einem homöopathischen Therapeuten durchzuführen.

Keuchhusten

Der Keuchhusten (Pertussis) ist eine Sonderform eines trockenen, anfallsartigen Hustens. Es kommt zu anhaltenden, stakkatoartigen Hustenanfällen, die durch vorübergehenden Sauerstoffmangel zu blauen Lippen oder sogar Blaufärbung des Gesichts (Zyanose) führen können. Ursache ist eine bakterielle Infektion. Besonders im ersten Lebensjahr kann der Keuchhusten gefährlich werden und zu Atemaussetzern während des Schlafes führen. Bei jeglichem Verdacht auf Keuchhusten sollte der Arzt frühzeitig konsultiert werden!

Während die bakterielle Infektion gut antibiotisch behandelt werden kann, ist der nachfolgende, oft über Wochen andauernde Husten nur schwer beeinflussbar. Hier bietet sich die Homöopathie besonders an:

Arznei	Beschreibung	Dosierung
Belladonna	Im Anfangsstadium, hohl-bellender Husten, Würgen, rotes Gesicht.	2–3 x täglich 3 Globuli D12
Drosera	Trockener, bellender Husten mit heftigen Salven, Erbrechen beim Husten, hält sich die Brust. Oft nachts auftretend.	2–3 x täglich 3 Globuli D12
Ipecacuanha	Husten mit heftigem Erbrechen.	2–3 x täglich 3 Globuli D12
Pulsatilla	Weinerlich, Hitze und warme Luft verschlimmern, besser an der frischen Luft, Würgen und Erbrechen.	2–3 x täglich 3 Globuli D12
Pertussinum	Seit längerer Zeit bestehende, immer wiederkehrende, typische Hustenanfälle, die sich einfach nicht bessern wollen.	Einzelgabe 3 Globuli D30

Schnupfen

Beim akuten Schnupfen können Eltern die Homöopathie gut in Eigenregie einsetzen. Bei chronischem Schnupfen sollte ein homöopathischer Arzt aufgesucht werden. Eine allgemeine Selbsthilfemöglichkeit beim Schnupfen von Säuglingen und Kleinkindern ist das regelmäßige Tropfen der Nase mit 0,9 % Kochsalzlösung (in jeder Apotheke erhältlich, entspricht etwa einer Prise Salz auf 1 Glas Wasser). Mit einer kleinen Pipette verabreicht, löst es die Borken und spült die Nase frei. Konventionelle, abschwellende Nasentropfen sind auf Dauer schädlich, da die Nasenschleimhäute zu sehr austrocknen können. Kochsalzlösung ist dagegen eine einfache und verträgliche Selbsthilfe. Bei Wundheit der Nase beruhigt die lokale Pflege mit Bepanthen® Nasensalbe die wunde Schleimhaut.

Folgende homöopathische Arzneien können unterstützend und lindernd zur Anwendung kommen:

Arznei	Beschreibung	Dosierung
Aconitum	Anfangsmittel: Der Schnupfen beginnt plötzlich und heftig nach trockenem, kalten Wetter, das Kind ist ängstlich und unruhig, Fieber, Trockenheit der Nase, Kribbeln in der Nase.	2–3 x täglich 3 Globuli D12
Ferrum phosphoricum	Im Anfangsstadium des akuten Schnupfens, falls keine deutliche Symptomatik besteht, roter Kopf, Nasenbluten.	2–3 x täglich 3 Globuli D12
Pulsatilla	Das Kind leidet unter grünlich-gelblich-zähem Nasensekret, ist durstlos und weinerlich, an der frischen Luft geht es dem Kind besser, während Wärme den Schnupfen verschlimmert.	2–3 x täglich 3 Globuli D12
Nux vomica	Ständig verstopfte Nase, insbesondere in warmen Räumen, häufiges Niesen. Der Schnupfen folgt der Unterkühlung, z. B. durch Zugluft oder kalten Wind. Das Kind ist genervt und quengelig.	2–3 x täglich 3 Globuli D12
Euphorbium	Massives Brennen und Wundheit in der Nase, wässriger Schnupfen. Kühlen bessert. Jucken, Niesen. Das Kind wälzt sich im Bett. Gereizte Lider, Tränenfluss, Brennen in den Augen.	2–3 x täglich 3 Globuli D12
Allium cepa	Wundmachender Fließschnupfen, heftiges Niesen, mildes Sekret aus den Augen. Der Schnupfen wird schlimmer im warmen Zimmer und bessert sich an der frischen Luft.	2–3 x täglich 3 Globuli D12

Sambucus	Die Nasenschleimhaut schwillt an, und das Kind ringt nachts nach Luft. Starker Schweißausbruch am Kopf. Wichtiges Mittel beim Säuglingsschnupfen mit ständigem Schniefen und Niesen.	2–3 x täglich 3 Globuli D12
Hepar sulfuris	Das Sekret ist gelblich-zäh, es kommt zu Krustenbildung und chronischer Nasennebenhöhlenentzündung. Frostige Kinder, die sehr empfindlich auf Kälte reagieren. Stechende Schmerzen, wie von Splittern.	2–3 x täglich 3 Globuli D12
Kalium bichromicum	Sehr zähes, fadenziehendes Sekret, klebrig-dicker Schleim mit Borken und Blutkrusten, Nasennebenhöhlenentzündung.	2–3 x täglich 3 Globuli D12
Luffa	Stockschnupfen, trockene, empfindliche Nasenschleimhäute, Krusten in der Nase. Verschlimmerung durch trockene Zimmerluft und Besserung im Freien. Viel Niesen. Stirnkopfschmerzen mit Müdigkeit, Mattheit und Konzentrationsmangel.	2–3 x täglich 3 Globuli D12
Mercurius solubilis	Grün-gelbliches Sekret, die Nase ist massiv wund und heilt nicht ab, Nasenbluten, chronische Nasennebenhöhlenentzündung, starker Nachtschweiß und vermehrter Speichelfluss.	2–3 x täglich 3 Globuli D12
Silicea	Chronischer Schnupfen mit Beteiligung der Nasennebenhöhlen bei frostigen, zarten und blassen Kindern. Immer wieder Infekte, die auf die Nasennebenhöhlen schlagen. Verlangen nach Wärme (Mütze, Schal).	2–3 x täglich 3 Globuli D12

Bindehautentzündung

Bei der Bindehautentzündung (Konjunktivitis) ist die Schleimhaut des Auges durch Viren, Bakterien oder Reizungen entzündet. Der frühzeitige Arztbesuch ist insbesondere bei eitriger Bindehautentzündung zu empfehlen, ggf. muss dann eine antibiotische Salbe zur Anwendung kommen.

Es empfiehlt sich mehrfach täglich eine Spülung mit 0,9 % Kochsalzlösung mit einer Pipette (in jeder Apotheke erhältlich), auch Euphrasia Augentropfen® (WALA) eignen sich gut. Entzündete Lidränder können mit Bepanthen® Augensalbe gepflegt werden.

Folgende homöopathische Arzneien können unterstützend und lindernd zur Anwendung kommen:

Arznei	Beschreibung	Dosierung
Euphrasia	Wichtigstes Akutmittel bei Bindehautentzündung. Bindehaut und Lidränder sind wund, das Kind ist lichtempfindlich. Verschlimmerung durch Wind.	2–3 x täglich 3 Globuli D12
Hepar sulfuris	Eiterbildung mit starker Rötung und Entzündung der Lidränder. Wärme bessert, Zugluft und Kälte werden nicht vertragen.	2–3 x täglich 3 Globuli D12
Pulsatilla	Gelbliches Sekret, weinerliche Kinder, besser an der frischen Luft.	2–3 x täglich 3 Globuli D12
Calcium sulfuricum	Wenn Pulsatilla bei gelblichem Sekret nicht ausreicht.	2–3 x täglich 3 Globuli D12

Blasenentzündung und Bettnässen

Blasenentzündung

Bei der Harnblasenentzündung handelt es sich um eine bakterielle Infektion der harnableitenden Wege (Harnblase und Harnröhre). Die Kinder haben brennende Schmerzen beim Wasserlassen und Harndrang. Der Urin kann unauffällig, aber auch trüb verfärbt, übel riechend oder sogar blutig sein. Im Säuglingsalter kann eine Blasenentzündung bzw. Harnwegsinfektion tückisch sein. Meistens ist plötzlich auftretendes Fieber das einzige äußerlich erkennbare Symptom. In diesem Fall ist eine rasche Abklärung beim Arzt dringend anzuraten.

Einfache Blasenentzündungen lassen sich homöopathisch und naturheilkundlich gut behandeln. Bei stärkeren Beschwerden (trüber oder blutiger Urin, starke Schmerzen, Fieber) kann eine Nierenbeckenentzündung vorliegen, die unbedingt antibiotisch behandelt werden sollte, damit die Nieren keine bleibenden Schäden davontragen.

Wenn das Kind entsprechende Symptome hat, sollte unbedingt ein Arzt aufgesucht werden, um den Urin genau zu untersuchen. Ein Urinstix (Streifentest) ist ein einfacher Test und gibt Aufschluss über die Entzündung. Eine Urinkultur verrät, um welche Bakterien es sich handelt. Falls eine Antibiotika-Therapie nötig sein sollte, kann die wirksame Arznei hierüber ausgetestet werden.

Ein besonderes Problem sind chronische oder rezidivierende Blasenentzündungen ohne erkennbare organische Ursache. Hier sollte eine konstitutionelle homöopathische Behandlung zur Kräftigung der Immunabwehr durchgeführt werden.

Einfache Selbsthilfemaßnahmen für ältere Kinder sind:
- Mit Vitamin C-Pulver angesäuerte Fruchtsäfte (1 Messerspitze Vitamin C pro Glas) säuern den Urin an und schaffen damit in den Harnwegen ein Klima, in dem die Bakterien sich nicht wohlfühlen.
- Preiselbeer- oder Cranberry-Saft kann bei wiederkehrenden Harnwegsinfekten einer neuen Entzündung vorbeugen.
- Nieren-Blasen-Tees mit Schachtelhalm, Brennnessel und Goldrute spülen die Blase und wirken gegen die Keime. Sie schmecken aber auch gesüßt nicht besonders gut und werden von den Kindern häufig abgelehnt. Sie sollten nicht länger als zwei Wochen und nur von bereits älteren Kindern getrunken werden.

Folgende homöopathische Arzneien können unterstützend und lindernd zur Anwendung kommen:

Arznei	Beschreibung	Dosierung
Cantharis	Das Arzneimittel der ersten Wahl bei Blasenentzündung, starkes Brennen, lokale Wärme über der Blase bzw. dem Bauch bessert.	2–3 x täglich 3 Globuli D12
Dulcamara	Nach Erkältung und Durchnässung, Sitzen auf kalter Unterlage.	2–3 x täglich Globuli D12
Sarsaparilla	Blasenentzündung mit starken Schmerzen. Blutiger Urin und Schmerzen beim Wasserlassen insbesondere mit den letzten Tropfen.	2–3 x täglich 3 Globuli D12
Apis	Brennen und Stechen im Blasenbereich, die Kinder sind durstlos und matt.	2–3 x täglich 3 Globuli D12

Belladonna	Plötzlicher Beginn mit hohem Fieber und heißem Kopf, die Blase ist erschütterungs- und berührungsempfindlich.	2–3 x täglich 3 Globuli D12
Pulsatilla	Nach Unterkühlung der Füße, milde und weinerliche Kinder mit Verlangen nach frischer Luft und Durstlosigkeit.	2–3 x täglich 3 Globuli D12
Staphisagria	Nach Harnblasenkatheterisierung.	2–3 x täglich 3 Globuli D12

Chronische Infektionsanfälligkeit

Bei chronischer Infektionsanfälligkeit sollte ein homöopathischer Arzt hinzugezogen werden, eine konstitutionelle Behandlung mit einer umfassenden Anamnese und diagnostischen Abklärung ist notwendig.

Allgemeine Fragen, die Sie stellen sollten, sind:
- Isst das Kind ausgewogen?
- Ist das Kind täglich an der frischen Luft zum Spielen und Sport?
- Gibt es Stressfaktoren, die eine Immunschwäche hervorrufen, z. B. Kummer, Konflikte, Anpassungsprobleme und Überforderung?
- Sind Sie als Eltern gestresst, was sich auf das Kind überträgt?
- Schläft das Kind regelmäßig und hat es einen Tagesrhythmus?
- Liegt eine chronische Erkrankung vor? Beim Kinderarzt überprüfen?

Bettnässen

Bei älteren Kindern kann Bettnässen eine erhebliche seelische Belastung darstellen. Die Ursachen sind sehr vielfältig. Am besten wird das Problem mit dem Kinderarzt oder dem homöopathischen Arzt besprochen. Eine konstitutionelle homöopathische Behandlung kann ein Teil einer Behandlungsstrategie sein. Eine Eigenbehandlung ist nicht sinnvoll, es sollte ein erfahrener homöopathischer Therapeut aufgesucht werden.

Magen-Darm-Erkrankungen

Bauchschmerzen

Bauchschmerzen gehören zu den häufigsten Beschwerden im Kindesalter. Häufig sind Verstopfung oder Blähungskoliken die Ursache, aber es kann auch viele andere Ursachen geben, die abzuklären sind, inklusive psychosomatischer Beschwerden. Bei starken oder anhaltenden Bauchschmerzen sollte zunächst eine entsprechende Diagnostik durchgeführt werden, um eine schwerwiegende organische Ursache wie zum Beispiel eine Blinddarmentzündung oder eine Darmeinstülpung (Invagination) auszuschließen. Daher ist ein Arztbesuch bei neu aufgetretenen Bauchschmerzen immer sinnvoll.

> Mit Schmerzmitteln sollte zurückhaltend umgegangen werden, bevor eine genaue Diagnose gestellt ist, denn dadurch können der klinische Verlauf verschleiert und die Diagnose erschwert werden.

Fragen, die für den Arzt wichtig sind:
- Seit wann bestehen die Beschwerden?
- Wie sieht der Stuhlgang aus?
- Liegen Durchfall oder Erbrechen vor?
- Liegt Fieber vor?
- Liegt eine Verstopfung vor?
- Ist der Bauch weich oder hart?
- Sind Darmgeräusche verstärkt oder vermindert zu hören?
- Sind andere Familienmitglieder oder Spielkameraden ebenfalls erkrankt?
- Könnte das Kind an Würmern leiden (Stuhl ansehen)?

Wenn geklärt ist, wodurch die Bauchschmerzen hervorgerufen wurden, kann eine gezielte Therapie durchgeführt werden.

Blähungskoliken

Folgende homöopathische Arzneien können unterstützend und lindernd zur Anwendung kommen (siehe auch Kapitel *Dreimonatskoliken*):

Arznei	Beschreibung	Dosierung
Chamomilla	Die wichtigste Arznei. Das Kind schreit immer wieder unruhig und laut, nur Wiegen oder Tragen lindern die Beschwerden schlagartig. Der Kopf ist rot, heiß und feucht. Das Kind zieht die Beine an.	Bis zu 3 x täglich 3 Globuli D12
Carbo vegetabilis	Blasses Gesicht, kalte Beine, der Bauch ist gebläht wie eine Trommel.	Bis zu 3 x täglich 3 Globuli D12
Magnesium carbonicum	Das Kind schwitzt und riecht sauer, krampfhafte Blähungen, das Kind zieht die Beine an den Körper.	Bis zu 3 x täglich 3 Globuli D12
Belladonna	Das Kind schreit plötzlich auf und überstreckt sich nach hinten. Es schreit ohne ersichtlichen Grund und hört plötzlich wieder auf, als ob gar nichts war. Rotes Gesicht und heiß-roter Kopf, feuchte Haut, weite Pupillen.	Bis zu 3 x täglich 3 Globuli D12
Lycopodium	Das Kind schreit besonders nachmittags zwischen 16 und 20 Uhr, dabei massive Blähungen.	Bis zu 3 x täglich 3 Globuli D12

Colocynthis	Das Kind krümmt sich zusammen, um die Schmerzen zu lindern. Starker Druck und Wärme auf den Bauch bessern.	Bis zu 3 x täglich 3 Globuli D12
Bryonia	Das Kind liegt ganz ruhig da und will sich auf keinen Fall bewegen, da jegliche Bewegung stechende Schmerzen verursacht.	Bis zu 3 x täglich 3 Globuli D12

Verstopfung

Viele Kinder leiden unter Verstopfung. Bei Stillkindern wird fehlender Stuhlgang für bis zu 14 Tage als normal angesehen! Bei Kleinkindern ist dreimal Stuhlgang pro Woche noch in Ordnung, wenn keine Beschwerden dabei auftreten.

Grundsätzlich sollte immer erst gefragt werden, ob es Ursachen für die Verstopfung gibt:
- Isst das Kind genügend Ballaststoffe (Vollwerternährung, Obst, Gemüse)?
- Trinkt es genug?
- Bewegt es sich ausreichend (Sport, Toben etc.)?

Eine chronische Verstopfung sollte ernst genommen und vom Kinderarzt diagnostisch abgeklärt werden, da sich dahinter manchmal auch andere Krankheiten verbergen.

Bei einer ganz akuten und schlimmen Verstopfung muss manchmal durch ein Microlax® (Kinderarzt!) nachgeholfen werden, den Darm rasch zu entleeren und Entlastung herbeizuführen.

Langfristig wird die chronische Verstopfung durch ballaststoffreiche und vollwertige Ernährung, ausreichende Trinkmenge und Bewegung behandelt. Auch ein „Toilettenrhythmus" hilft: Das Kind täglich zur gleichen Zeit auf die Toilette setzen und so einen Rhythmus erreichen.

Folgende homöopathische Arzneien können unterstützend und lindernd zur Anwendung kommen:

Arznei	Beschreibung	Dosierung
Nux vomica	Unzureichende Stuhlentleerung trotz Stuhldrang, die Kinder sind reizbar und zänkisch. Dunkler und harter Stuhl. Verstopfung während der Zahnung. Folgen von Medikamenten, Risse am After.	1–2 x täglich 3 Globuli D12
Alumina	Harter, trockener und kugeliger Stuhl, trockene Schleimhäute, Verstopfung von Stillkindern, vergebliches Pressen. Reiseverstopfung.	1–2 x täglich 3 Globuli D12
Opium	Fehlender Stuhldrang, schwache Darmbewegung. Verstopfung nach Schreck oder Schock, Verstopfung nach der Geburt. Harte, schwarze Kotballen.	1–2 x täglich 3 Globuli D12
Silicea	Verstopfung bei blassen, mageren und frostigen Kindern, der Stuhl „schlüpft" zurück. Zu schwach zum Pressen. Stuhlverhalten aus Angst vor Schmerzen. Analfissuren und Fisteln.	1–2 x täglich 3 Globuli D12
Calcium carbonicum	Verstopfung bei schlaffen, rundlichen und zufriedenen Kindern mit schwitzigem Kopf und zögerlicher Entwicklung. Stühle riechen sauer. Dicker Bauch; Kinder lieben Eier und Süßigkeiten, mögen keine Milch.	1–2 x täglich 3 Globuli D12

Natrium muriaticum	Trockener Stuhl bei zurückhaltenden und müden Kindern, Hals abgemagert, Verlangen nach Salz. Verstopfung nach stillem Kummer. Bröckelige Stühle, Risse und Brennen am After.	1–2 x täglich 3 Globuli D12
Sulfur	Der After ist rot, wund und schmerzhaft, der Stuhl wird aus Schmerz zurückgehalten.	1–2 x täglich 3 Globuli D12

Durchfall

Durchfall kommt häufig bei Kindern vor und ist meist durch einen Virusinfekt bedingt. Auch hier gilt insbesondere für Säuglinge und Kleinkinder, dass die größte Gefahr in der inneren Austrocknung durch Flüssigkeitsverluste besteht. Die Kinder sollten also viel trinken bzw. gestillt werden. Bei Austrocknung, Erschöpfung, zunehmender Mattheit oder Unsicherheit sollte eine Kinderklinik aufgesucht werden.

Für Kinder hat sich das Trinken der so genannten WHO-Lösung bewährt, die in jeder Apotheke erhältlich ist (z. B. Oralpädon® 240).

Bei Durchfall eignet sich als Schonkost gedünstetes Gemüse, z. B. Karrottenmus, bei älteren Kindern gekochter Reis oder geriebener Apfel (ohne Schale und Gehäuse). Teelöffelweise können Kleinkinder und Schulkinderinder auch Luvos Heilerde einnehmen, die in den Apfelbrei eingemischt werden kann. Säuglinge sollten so viel wie möglich gestillt werden.

Folgende homöopathische Arzneien können unterstützend und lindernd zur Anwendung kommen:

Arznei	Beschreibung	Dosierung
Aconitum	Anfangsstadium eines plötzlich einsetzenden Durchfalls, wässrig-grünlich-schleimig, stechende Bauchschmerzen vor und während des Stuhlgangs.	2–3 x täglich 3 Globuli D12
Sulfur	Faulig-schweflig riechender Durchfall, Hitzigkeit, Schwitzen, Durchfall nach Antibiotika.	2–3 x täglich 3 Globuli D12
Arsenicum album	Brennende, wässrige Durchfälle, Reizung des Anus, große Erschöpfung, Brechdurchfall, durstig auf kaltes Wasser, aber Erbrechen nach Trinken.	2–3 x täglich 3 Globuli D12
Bryonia	Das Kind möchte ganz ruhig liegen und sich nicht bewegen, jede Bewegung ruft Durchfall hervor.	2–3 x täglich 3 Globuli D12
Chamomilla	Der Stuhl sieht aus wie „Rührei mit Spinat" und riecht nach verfaulten Eiern, das Kind ist unzufrieden und reizbar, zornig, eine Qual für alle.	2–3 x täglich 3 Globuli D12
Ipecacuanha	Akuter Brechdurchfall, das Erbrechen bessert den Zustand aber nicht. Koliken und Krämpfe um den Nabel, Schwäche und Blässe.	2–3 x täglich 3 Globuli D12
Podophyllum	Massive Wasserstühle „wie aus einem Hydranten", die sich explosionsartig entleeren. Massives Gluckern im Darm.	2–3 x täglich 3 Globuli D12
Colocynthis	Krampfartige Bauchschmerzen, die durch Zusammenkrümmen gebessert werden.	2–3 x täglich 3 Globuli D12

Pulsatilla	Jeder Stuhl sieht anders aus, Wärmeunverträglichkeit, Durstlosigkeit trotz Flüssigkeitsverlust, nach fettigen Speisen und Eis.	2–3 x täglich 3 Globuli D12
Acidum phosphoricum	Schwächender Durchfall, das Kind ist blass, müde und hat dunkle Ringe um die Augen. Durchfall nach Kummer.	2–3 x täglich 3 Globuli D12
Ferrum phosphoricum	Wässrige und unverdaute schmerzlose Durchfälle in Sommer und Herbst.	2–3 x täglich 3 Globuli D12
Okoubaka	Reisedurchfall, Lebensmittelvergiftung, ungewohnte Speisen.	2–3 x täglich 3 Globuli D12; alternativ auch 3 x täglich 1 Tablette D3

Übelkeit und Erbrechen

Kinder leiden immer wieder unter Magen-Darm-Infekten mit Erbrechen. Bei Säuglingen und Kleinkindern sollten Sie hier wachsam sein, da sie bei unzureichender Flüssigkeitszufuhr rasch innerlich austrocknen und gefährlich beeinträchtigt und matt werden.

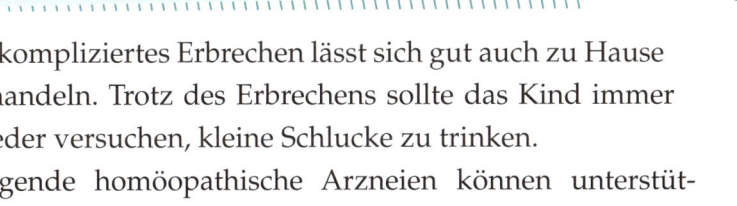

> Sie sollten bei fortgesetztem Erbrechen eine Kinderklinik aufsuchen, eine Infusion bzw. eine weitere Abklärung der Ursache kann notwendig sein.

Unkompliziertes Erbrechen lässt sich gut auch zu Hause behandeln. Trotz des Erbrechens sollte das Kind immer wieder versuchen, kleine Schlucke zu trinken.
Folgende homöopathische Arzneien können unterstützend und lindernd zur Anwendung kommen:

Arznei	Beschreibung	Dosierung
Tabacum	Wichtiges Mittel bei gastrointestinalen Infekten, unerträgliche Übelkeit, Kaltschweißigkeit, Erbrechen, Verlangen nach frischer Luft.	2–3 x täglich 3 Globuli D12
Ipecacuanha	Heftigste Übelkeit mit Erbrechen nach jeder Nahrungsaufnahme. Das Erbrechen erleichtert nicht, die Übelkeit und Elendigkeit bleiben bestehen. Speichelfluss.	2–3 x täglich 3 Globuli D12

Arsenicum album	Meist Brechdurchfall, die Speisen werden erbrochen, sobald sie den Magen erreichen. Durstig, trinkt ständig kleine Schlucke Wasser. Fröstelichkeit, Erschöpfung, Unruhe und Ängstlichkeit, brennende Empfindungen.	2–3 x täglich 3 Globuli D12
Nux vomica	Die Kinder sind gereizt, der Magen ist gereizt, nach Ärger und Zorn, frostige Kinder. Erbrechen nach zu viel Süßigkeiten.	2–3 x täglich 3 Globuli D12
Bryonia	Magen-Darm-Infektion, Erbrechen verursacht durch die geringste Bewegung.	2–3 x täglich 3 Globuli D12
Eupatorium perfoliatum	Bei grippalen Infekten mit Knochen- und Gliederschmerzen.	2–3 x täglich 3 Globuli D12
Phosphorus	Das Erbrechen erfolgt verzögert, wenn die Speisen im Magen angewärmt wurden. Hitzewallungen, einfühlsame und phantasievolle Kinder.	2–3 x täglich 3 Globuli D12
Okoubaka	Nahrungsmittelvergiftung, Erbrechen auf Auslandsreisen, Erbrechen nach Antibiotika.	2–3 x täglich 3 Globuli D12; alternativ auch 3 x täglich 1 Tablette D3
Pulsatilla	Erbrechen nach fettreichen Speisen, weinerliche Kinder mit Abneigung gegenüber Wärme und Verlangen nach frischer Luft.	2–3 x täglich 3 Globuli D12
Ignatia	Erbrechen nach seelischem Kummer.	2–3 x täglich 3 Globuli D12

Reiseübelkeit

Viele Kinder leiden unter Reiseübelkeit. Hierbei kann die Homöopathie sowohl vorbeugend als auch im Akutfall eingesetzt werden.

Folgende homöopathische Arzneien können unterstützend und lindernd zur Anwendung kommen:

Arznei	Beschreibung	Dosierung
Cocculus	Wichtigste Arznei bei Reiseübelkeit, auch vorbeugend vor Reiseantritt zu geben. Drehschwindel, Verursachung des Erbrechens durch Bewegung.	2–3 x täglich 3 Globuli D12
Tabacum	Unerträgliche Übelkeit, Kaltschweißigkeit, Erbrechen, Verlangen nach frischer Luft.	2–3 x täglich 3 Globuli D12
Petroleum	Übelkeit und Schwindel beim Fahren. Magenschmerzen besser durch Essen, übelriechender Schweiß.	2–3 x täglich 3 Globuli D12

Kinderkrankheiten

Masern

Die Masern sind eine klassische Kinderkrankheit, die heutzutage aufgrund einer hohen Durchimpfungsrate nur noch selten auftritt. Auslöser ist das Masernvirus. In den meisten Fällen verlaufen die Masern ungefährlich und komplikationslos, allerdings können sich die älteren Kinderärzte auch noch an die schweren Verläufe mit Lungenentzündungen oder Gehirnentzündungen erinnern. Nach Einführung der Regelimpfung ist die Erkrankung selten geworden. Die ältere Ärztegeneration war daher über die Möglichkeit der Masernimpfung dankbar.

Nach einer Inkubationszeit von 8–12 Tagen kommt es zunächst zu grippeähnlichen Symptomen mit Fieber, dann treten Bindehautentzündung und entzündliche Schwellungen der Schleimhäute von Mund, Nasen und Rachen auf, schließlich entwickeln sich Husten und Heiserkeit, und das Gesicht sieht aufgequollen aus. Am 14. Tag nach Ansteckung beginnt dann meist der großfleckige rote Hautausschlag hinter den Ohren und breitet sich über das Gesicht zum Rumpf und zu Armen und Beinen aus. Dabei kann hohes Fieber auftreten. Die Hautflecken verschwimmen miteinander. Schließlich blasst der Hautausschlag wieder ab, und das Kind erholt sich allmählich.

Das Kind sollte sich zu Hause im Bett erholen, viel Ruhe haben und viel trinken. Die Kinder sind ansteckend und sollten bis mindestens fünf Tage nach Auftreten des Hautausschlages nicht in den Kindergarten gehen. Die Erkrankung hinterlässt eine vorübergehende Immunschwäche über mindestens sechs Wochen.

> Die Behandlung erfolgt in Absprache mit dem Kinderarzt oder dem homöopathischen Arzt. Bereits der Verdacht auf das Vorliegen von Masern ist meldepflichtig und muss dem zuständigen Gesundheitsamt mitgeteilt werden.

Einfache begleitende Selbsthilfemaßnahmen sind:
- Euphrasia Augentropfen (pflanzlich) gegen die Bindehautentzündung
- Spülung der Nase mit 0,9% Kochsalzlösung mehrmals täglich (Kapitel *Schnupfen*)
- Salbeitee zur Rachen- und Mundspülung mehrmals täglich
- Thymiantee bei verschleimten Bronchien
- Efeutee bei trockenem Husten
- Bei Ohrenschmerzen: Zwiebelsäckchen (Kapitel *Ohrenschmerzen*)
- Bei Halsschmerzen: Zitronenwickel (Kapitel *Halsschmerzen*)

Folgende homöopathische Arzneien können unterstützend und lindernd zur Anwendung kommen:

Arznei	Beschreibung	Dosierung
Aconitum	Zu Beginn der Krankheit, wenn die Masern noch nicht diagnostiziert sind, plötzliches und heftig einsetzendes Fieber, Heiserkeit, Symptome des grippalen Infektes.	3 x täglich 3 Globuli D12
Belladonna	Im Stadium der Schleimhautentzündung, Schwellung und bei hohem Fieber, Bellhusten, Schwitzen, trockene Schleimhäute, Bindehautreizung, pulsierende Kopfschmerzen, Lichtscheue.	3 x täglich 3 Globuli D12

Pulsatilla	Das Kind ist durstlos, leidet unter trockenen Schleimhäuten, hat eine Abneigung gegen Wärme, ist weinerlich und anlehnungsbedürftig.	2–3 x täglich 3 Globuli D12
Euphrasia	Tränende und sehr gereizte Augen und Augenlider, Bindehautentzündung.	2–3 x täglich 3 Globuli D12
Gelsemium	Lähmungsartige Schwäche des Kindes, Benommenheit, Durstlosigkeit.	2–3 x täglich 3 Globuli D12
Ferrum phosphoricum	Nasenbluten bei Fieber, Ohrenschmerzen.	2–3 x täglich 3 Globuli D12
Bryonia	Bewegung verschlimmert, das Kind will nur seine Ruhe und sich nicht bewegen, massive Trockenheit der Schleimhäute mit Durst.	2–3 x täglich 3 Globuli D12
Antimonium tartaricum (= Tartarus emeticus)	Bronchitis, Rasseln über Lunge.	2–3 x täglich 3 Globuli D12
Zincum metallicum	Wenn nach dem Hautausschlag Müdigkeit, Konzentrationsstörungen, Schlafstörungen, Appetitlosigkeit und ähnliche Anzeichen der Schwächung bestehen.	2–3 x täglich 3 Globuli D12

Röteln

Auch die Röteln sind eine Viruserkrankung. In der Regel werden die Kinder gegen die Röteln geimpft. Hierdurch will man vor allem vermeiden, dass sich Schwangere mit dem Virus anstecken, da es die ungeborenen Kinder schwer schädigen kann. Eine Rötelnerkrankung im Kindesalter verläuft in der Regel aber unkompliziert.

Nach einer Inkubationszeit von etwa 2–3 Wochen beginnt die Erkrankung mit den Symptomen eines grippalen Infektes. Ein feinfleckiger Hautausschlag manifestiert sich anschließend. Er beginnt im Gesicht und am Hals und wandert den Körper hinunter. Im Nacken sind typischerweise Lymphknoten tastbar, Fieber tritt nur selten auf. Der Hautausschlag blasst nach etwa 1–3 Tagen wieder ab.

Folgende homöopathische Arzneien können unterstützend und lindernd zur Anwendung kommen:

Arznei	Beschreibung	Dosierung
Belladonna	Ausschlag heiß und rot, Lymphknoten geschwollen.	2–3 x täglich 3 Globuli D12
Pulsatilla	Das Kind ist weinerlich und durstlos. Verlangen nach frischer Luft.	2–3 x täglich 3 Globuli D12
Gelsemium	Das Kind ist schwach und benommen, hat Gliederschmerzen. (Zum Arzt gehen!)	2–3 x täglich 3 Globuli D12

Windpocken

Windpocken sind eine Virusinfektion mit Varizella zoster, die bei guter Abwehrlage (Immunsystem) der Kinder harmlos und ohne Komplikationen verlaufen. Nur bei Kindern mit einer Immunschwäche (nach Transplantation eines Organs, unter Kortisonbehandlung, bei Krebserkrankungen und AIDS) ist die Krankheit gefährlich. Seit vielen Jahren wird eine Regelimpfung empfohlen, so dass auch diese Kinderkrankheit seltener wird. Die Erkrankung muss an das zuständige Gesundheitsamt gemeldet werden.

Windpocken sind extrem ansteckend und können sich auch über einige Distanz von Mensch zu Mensch ausbreiten. Sie sind daran erkennbar, dass auf der Haut erbsengroße Bläschen mit wässrigem Inhalt aufbrechen und sich über den ganzen Körper ausbreiten, eventuell auch an den Schleimhäuten von Mund und Genitalien. Die Bläschen jucken, so dass sich die Kinder aufkratzen und sich kleine Krusten und Wunden bilden. Diese können sich verunreinigen und entzünden.

Selten kann es zu Komplikationen wie einer Gehirnentzündung (Enzephalitis) kommen. Dennoch ist die Sinnhaftigkeit der offiziell empfohlenen Impfung für ansonsten gesunde Kinder selbst unter Kinderärzten sehr umstritten. Windpocken hinterlassen eine lebenslange Immunität, man kann die Erkrankung also nur einmal durchmachen. Allerdings kann im späteren Lebensalter die so genannte „Gürtelrose" (Zoster) auftreten. Diese ist einem Wiederaufflackern des Infektes zuzuschreiben.

> Die Kinder sollten erst nach Abheilung der Bläschen wieder in den Kindergarten gehen, da sie erst dann nicht mehr ansteckend sind. Die Behandlung sollte in Absprache mit dem homöopathischen Arzt erfolgen.

Eine begleitende Selbsthilfemaßnahme kann es sein, die akut brennenden Bläschen und die Wunden mit Combudoron® Gel (Weleda) zu betupfen und zu kühlen. Offene, gereizte und wunde Stellen können mit Stiefmütterchentee (Viola tricolor) abgetupft werden. Zinksalbe lindert den Juckreiz und hilft bei der Austrocknung und Abheilung.

Folgende homöopathische Arzneien können unterstützend und lindernd zur Anwendung kommen:

Arznei	Beschreibung	Dosierung
Antimonium tartaricum (= Tartarus emeticus)	Hauptmittel bei Windpocken und Bronchitis.	2–3 x täglich 3 Globuli D12
Rhus toxicodendron	Die wichtigste Arznei gegen den Juckreiz, sollte bei Blasenbildung gegeben werden, Ruhelosigkeit und Bewegungsdrang.	2–3 x täglich 3 Globuli D12
Mercurius solubilis	Speichelfluss und Nachtschweiß, bei schlecht heilenden Wunden. (Zum Arzt gehen!)	2–3 x täglich 3 Globuli D12

Mumps

Bei Mumps liegt eine Virusinfektion mit dem Paramyxovirus vor. Nach einer Inkubationszeit von 2–3 Wochen kommt es zu der typischen Schwellung der Ohrspeicheldrüse (Schwellung vor den Ohren, wie „Hamsterbäckchen"). Die Schwellung kann ein- oder beidseitig auftreten, außerdem kann es zu Fieber, Übelkeit, Erbrechen und Blässe kommen. Mumps wird vor allem bei Jungen nach der Pubertät oder bei Erwachsenen gefürchtet, da die Erkrankung auch die Hoden betrifft und hier entzündliche Schäden mit folgender Zeugungsunfähigkeit (Sterilität) anrichten kann. Zudem beobachtete man früher bei etwa einem von 15.000 Kranken eine Innenohrbeteiligung mit Gehörschädigung. Heute gehört die Mumpsimpfung zu den offiziell empfohlenen Impfungen.

Eine einfache Selbsthilfemaßnahme ist z. B. der Quarkwickel um den Hals und die geschwollenen Drüsen: Quark durch ein Tuch drücken, um Wasser bzw. Molke auszupressen, dann den zimmerwarmen Brei auf ein Baumwolltuch 1 cm dick aufstreichen, um den Hals und die geschwollenen Drüsen legen und mit einem Wolltuch fixieren. Zur Ernährung während der Erkrankung eigenen sich Tees und Suppen, häufig wird das Essen aber aufgrund der Übelkeit nicht ertragen. Hilfreich beim Trinken ist ein Strohhalm, weil das Öffnen des Mundes schmerzhaft sein kann.

Mumps heilt im Kindesalter meist problemlos ganz von selbst ab, die unterstützende homöopathische Behandlung ist aber sinnvoll.

Folgende homöopathische Arzneien können unterstützend und lindernd zur Anwendung kommen:

Arznei	Beschreibung	Dosierung
Belladonna	Zu Beginn, hohes Fieber, trockener Hals, hellrote Entzündung.	2–3 x täglich 3 Globuli D12
Phytolacca	Als Folgemittel von Belladonna, dunkelrötliche Entzündung, Gliederschmerzen.	2–3 x täglich 3 Globuli D12
Mercurius solubilis	Starkes Schwitzen, zögerlicher Verlauf, Aphthen im Mund.	2–3 x täglich 3 Globuli D12
Pulsatilla	Hodenbeteiligung. (Zum Arzt gehen!)	2–3 x täglich 3 Globuli D12

Scharlach

Beim Scharlach handelt es sich um eine bakterielle Erkrankung durch Streptokokken. Die Symptome sind intensives Krankheitsgefühl mit hohem Fieber, flammende Mandel- und Rachenentzündung, trockene Haut, Himbeer- bzw. Erdbeerzunge, blasses Munddreieck bei intensiver Wangenröte.

Der Erreger kann durch Rachenabstriche identifiziert werden. Das Antibiotikum Penicillin ist ein wirksames Medikament gegen Streptokokkeninfekte und wird in den meisten Fällen verschrieben. 24 Stunden nach Anbehandlung sind die Kinder nicht mehr ansteckend. Von der Selbstbehandlung ist abzuraten.

Hauterkrankungen

Milchschorf

Der Milchschorf ist häufig das erste Anzeichen einer Veranlagung zu Neurodermitis (Atopie). Auch hier kann die Homöopathie helfen. Eine konstitutionelle Behandlung sollte bei einem erfahrenen homöopathischen Arzt begonnen werden. Die Selbstmedikation ist nicht zu empfehlen, da hierbei erfahrungsgemäß häufig Fehler begangen werden und die Erkrankung später schwerer homöopathisch beurteilbar wird.

Allgemein hilfreich ist es, das Kind so lange wie möglich zu stillen. Hypoallergene Babynahrung ist empfehlenswert. Der Schorf muss nicht immer behandelt werden. Nässender Schorf kann mit 0,9 % Kochsalzlösung betupft und gereinigt werden und sollte dann trocknen. Bei trockenen Ekzemen und Wundstellen hilft Calendula-Salbe.

Neurodermitis

Die Neurodermitis (atopische Dermatitis) sollte von einem erfahrenen homöopathischen Arzt behandelt werden, von der Selbstmedikation ist abzuraten, da die richtige Mittelwahl schwierig ist. Eine homöopathische Behandlung erfordert von allen Beteiligten etwas Geduld, aber häufig lohnt sich die Behandlung langfristig.

Ein Problem der Behandlung mit Salben ist, dass bei allergischer Konstitution theoretisch durch alle Salben eine Allergie oder Unverträglichkeit ausgelöst werden kann, also auch gegen naturheilkundliche Salben, selbst Calendula. Auf Kortison kann unter homöopathischer Therapie und der unten genannten Hautpflege meist verzichtet werden. Auch Klimakuren, z. B. am Meer oder in den Bergen, haben sich bewährt.

Im Allgemeinen hat sich zur Hautpflege folgendes Vorgehen bewährt:
- Nässendes, klebriges, gerötetes Ekzem: Mehrfach täglich mit Zinnkrauttee (Equisetum arvense, 1 EL/1 Liter Wasser) abtupfen. Alternativ kann auch Schwarztee (1 EL/0,5 Liter Wasser) oder Viola tricolor Tee (Stiefmütterchen, 1 EL/0,3 Liter Wasser) genommen werden; diese Tees enthalten Gerbstoffe und fördern die Austrocknung.
- Trockenes und stark gerötetes, stark juckendes Ekzem: Cardiospermum-Salbe (Halicar®) 3 x täglich auftragen.
- Trockenes und sehr schuppiges Ekzem: Mahonia-Salbe (Rubisan®) 1–2 x täglich auftragen.
- Wenig trocken, guter Hautzustand: Dauertherapie, z. B. mit Linola® oder Linola® Fett. Dauerhafte Behandlung mit Emulsionen (Pflegemilch), die Omega 3-Fettsäuren und/oder Nachtkerzenöl enthalten.
- Krusten können mit Olivenöl betupft und allmählich gelöst werden.

> Allergien sollten begleitend von einem erfahrenen Homöopathen behandelt werden. Von der Selbstmedikation ist abzuraten.

Furunkel

Eiterpickel und Furunkel müssen „reifen" und sich dann entleeren. Vereinzelte Furunkel oder eitrige Pickel stellen kein Problem dar. Erst wenn sie immer wieder auftreten, sollte eine konstitutionelle homöopathische Behandlung erfolgen. Eine vollwertige Ernährung ist sinnvoll.

Folgende homöopathische Arzneien können unterstützend und lindernd zur Anwendung kommen:

Arznei	Beschreibung	Dosierung
Belladonna	Akute Entzündung, der Furunkel ist rot, geschwollen und heiß, Pochen.	2–3 x täglich 3 Globuli D12
Hepar sulfuris	Als Folgemittel von Belladonna zur Unterstützung des eitrigen Einschmelzens, vor allem bei frostigen Kindern.	2–3 x täglich 3 Globuli D12
Calcium sulfuricum	Zur Unterstützung der eitrigen Umwandlung, vor allem bei hitzigen Kindern.	2–3 x täglich 3 Globuli D12
Silicea	Nachbehandlung, gegen Narbenbildung, rezidivierende Furunkel, Eiterherde bei frostigen und blassen Kindern.	2–3 x täglich 3 Globuli D12

Impetigo

Bei Impetigo contagiosa handelt es sich um eine bakterielle Infektion der Haut (meist durch Staphylokokken).

> Den Arzt unbedingt aufsuchen, da Impetigo sehr schwierig zu behandeln und ansteckend ist!

Zur Basistherapie gehört die desinfizierende und reinigende Lokalbehandlung unter Anleitung des Arztes. In schweren Fällen sind Antibiotika häufig unumgänglich, auch um die Ansteckungsgefahr zu reduzieren. Kinder dürfen zur Vermeidung von Ansteckungen nicht in den Kindergarten und sollten lange Kleidung tragen, die Fingernägel geschnitten bekommen und möglichst nicht in den Wundstellen kratzen. Unter einer wirkungsvollen Antibiotikatherapie besteht bereits nach 24 Stunden keine Ansteckungsgefahr mehr.

III Die Krankheiten

Folgende homöopathische Arzneien können unterstützend und lindernd zur Anwendung kommen:

Arznei	Beschreibung	Dosierung
Rhus toxicodendron	Anfangsstadium, Bläschenbildung.	2–3 x täglich 3 Globuli D12
Antimonium crudum	Schmierig-krustige, honiggelbe Beläge, Hauptmittel.	2–3 x täglich 3 Globuli D12
Hepar sulfuris	Gelblich-eitrige Pustelbildung, Nachtschweiße.	2–3 x täglich 3 Globuli D12
Mercurius solubilis	Eitrig-geschwürige Beläge, heilen kaum ab.	2–3 x täglich 3 Globuli D12
Arsenicum album	Starkes Brennen.	2–3 x täglich 3 Globuli D12
Graphites	Starke Krustenbildung.	2–3 x täglich 3 Globuli D12
Arum triphyllum	Kind zupft immer wieder an den Krusten.	2–3 x täglich 3 Globuli D12

Herpes labialis (Lippenherpes)

Beim Lippenherpes handelt es sich um eine Infektion mit Herpesviren, die bei einigen Betroffenen unter Stress oder UV-Strahlung immer wieder aktiviert wird. Schulmedizinisch wird Aciclovir® Salbe eingesetzt.

Die naturheilkundliche Lokalbehandlung erfolgt mit Lomaherpan® Salbe (Melissenextrakt).

Folgende homöopathische Arzneien können unterstützend und lindernd zur Anwendung kommen:

Arznei	Beschreibung	Dosierung
Rhus toxicodendron	Bläschenbildung.	2–3 x täglich 3 Globuli D12
Hepar sulfuris	Gelblich-eitrige Pustelbildung.	2–3 x täglich 3 Globuli D12
Mercurius solubilis	Geschwürig entzündliche Umwandlung, heilt nicht.	2–3 x täglich 3 Globuli D12
Natrium muriaticum (= chloratum)	Nach Sonne, Riss in der Unterlippe, Landkartenzunge, häufig traurige Stimmung, Verlangen nach Salz.	2–3 x täglich 3 Globuli D12

Warzen

Warzen sollten äußerlich in Ruhe gelassen werden. Unter konstitutioneller homöopathischer Behandlung heilen sie häufig gut ab. Hierzu sollte ein homöopathischer Therapeut aufgesucht werden.

Sonnenbrand und Verletzungen

Sonnenbrand

Beim Sonnenbrand wird das Kind am besten im Schatten gelassen, sofern das möglich ist. Auf eine gute Sonnencreme sollte grundsätzlich geachtet werden. Empfehlenswert ist ein rein mineralisches Präparat (physikalischer UV-Filter). Kopfbedeckung und entsprechende Kleidung, damit ein Sonnenbrand gar nicht erst entsteht, sind am besten geeignet.

Wenn es aber doch soweit gekommen ist, können folgende homöopathische Mittel unterstützend und lindernd zur Anwendung kommen:

Arznei	Beschreibung	Dosierung
Belladonna	Akute Rötung und Hitze der Haut.	2–3 x täglich 3 Globuli D12
Cantharis	Falls es zu schwereren Verbrennungen oder gar Blasenbildung kommt. (Zum Arzt gehen!)	2–3 x täglich 3 Globuli D12
Apis	Hellrote Schwellung der Haut, Kopfschmerzen, wenig Durst.	2–3 x täglich 3 Globuli D12

Sonnenstich

Direkte Sonnenbestrahlung sollte bei Kindern möglichst vermieden werden, vor allem im Urlaub in heißen Ländern. Unbedingt sollten sie eine Mütze oder Sonnenkappe tragen und ausreichend Wasser trinken. Am Strand ist auch ein Sonnenschirm oder ein Sonnensegel sinnvoll.

Ein Sonnenstich ist die Reaktion auf die Überhitzung des Gehirns und kann mit Gliederschmerzen, Übelkeit, Erbrechen, Müdigkeit und Schwindel einhergehen. Er kann mit einer Lebensmittelvergiftung verwechselt werden. Die betroffenen Kinder sollten die folgenden Tage im Schatten verbringen und viel trinken.

Folgende homöopathische Arzneien können unterstützend und lindernd zur Anwendung kommen:

Arznei	Beschreibung	Dosierung
Belladonna	Das wichtigste Arzneimittel bei Kindern, heißer Kopf, gerötete Bindehäute, klopfende Kopfschmerzen, Empfindlichkeit gegen Licht.	Im akuten Fall: 3 Globuli D30 (oder jede andere verfügbare Potenz) alle 10 Minuten, bis Besserung eintritt.
Glonoinum	Schwindel und Schwäche sowie Hitzewallungen zum Kopf. Falls Belladonna nicht ausreichend hilft.	D30 alle 15 Minuten, insgesamt über 3 Stunden
Gelsemium	Schwächegefühl sowie Schwindel, Übelkeit und Erbrechen, der Kranke ist benommen und betäubt, der Körper fühlt sich schwer an. (Ins Krankenhaus gehen!)	3 Globuli D12 alle 15 Minuten über insgesamt 3 Stunden

Prellungen und Verstauchungen

Bei Verletzungen sollte immer zuerst die Frage gestellt werden, ob die ärztliche Behandlung notwendig ist. Im Zweifelsfall ist der Gang zum Arzt oder in die Notaufnahme (möglichst mit einer kinderchirurgischen Abteilung) immer zu empfehlen.

Wenn die Kinder krabbeln und die ersten Schritte gehen, steigen das Unfall-, Sturz- und Verletzungsrisiko. Auch hier hält die Homöopathie Selbsthilfemöglichkeiten bereit.

Prellungen oder Quetschungen sprechen gut auf die äußerliche Einreibung mit Arnica-Öl (Weleda) oder Arnica-Salbe (z. B. Arnika-Salbe 10 % von Weleda) an.

Bei Verstauchungen und Zerrungen sollte zunächst ärztlich eine schlimmere Verletzung ausgeschlossen werden. In der Regel hilft bei Verstauchungen dann ein elastischer Verband, der das Gelenk zunächst fixiert und den Schmerz lindert. Hier kann Arnika-Salbe (z. B. Arnika-Salbe 10 % von Weleda) lokal aufgetragen werden und die Heilung unterstützen. Auch Traumeel®-Salbe eignet sich gut.

Folgende homöopathische Arzneien können unterstützend und lindernd zur Anwendung kommen:

Arznei	Beschreibung	Dosierung
Arnica	Die Arznei der ersten Wahl bei Verstauchungen mit Bluterguss, am besten sofort nach der Verletzung mit der Therapie beginnen.	2–3 x täglich 3 Globuli D12
Rhus toxicodendron	Arznei der ersten Wahl bei Zerrungen, z. B. Bänderzerrung am Knöchel nach Umknicken mit dem Fuß auf der Treppe. Bei Verstauchungen hilft sie gut, wenn nach Arnica noch Beschwerden verbleiben.	2–3 x täglich 3 Globuli D12
Ledum	Wenn Kälte bessert, nach Arnica oder Rhus toxicodendron.	2–3 x täglich 3 Globuli D12
Hypericum	Prellung an nervenreichen Stellen, z. B. Fingerspitzen, Kopf, Taubheits- und Kältegefühl.	2–3 x täglich 3 Globuli D12

Knochenbrüche

Knochenbrüche heilen bei Säuglingen und Kleinkindern meist unproblematisch ab. Natürlich muss ein Krankenhaus zu Diagnostik und Therapie (Röntgen, anschließend Verband, ggf. Gips) aufgesucht werden. Homöopathie kann begleitend angewendet werden. Es hat sich bewährt, die folgenden Arzneien in der angegebenen Reihenfolge einzunehmen:

Arznei	Beschreibung	Dosierung
Arnica	Arznei der ersten Wahl, sollte so früh wie möglich nach der Verletzung gegeben werden.	2–3 x täglich 3 Globuli D12
Symphytum	Sobald die akute Schwellung zurückgeht, zur Unterstützung der Knochenheilung und des Knochenaufbaus.	2–3 x täglich 3 Globuli D12
Calcium phosphoricum	Zum Kalkaufbau.	2–3 x täglich 3 Globuli D12

Wenn danach noch Probleme bestehen, sollte ein homöopathischer Arzt hinzugezogen werden.

Wunden

Kleine, oberflächliche, saubere Wunden müssen nicht behandelt werden, nur größere, verunreinigte oder schlecht heilende Wunden. Verschmutzte Wunden sollten zunächst mit Kochsalzlösung (0,9 %) gesäubert werden. Bei stärkerer Verschmutzung hilft auch eine Desinfektion, z.B. mit Betaisodona® Lösung oder Octenisept®.

Die Krankheiten

Wenn die Wunde eitert, kann ein Salbenverband mit Echinacea-Salbe (z. B. Calendula-Echinacea-Salbe Helixor®) oder Zugsalbe helfen. Bei komplizierten Wundheilungsstörungen müssen manchmal Antibiotika eingesetzt werden. Bei stark verschmutzten Wunden gehen Sie am besten zum Kinderarzt oder in die Klinik. Besteht Tetanus-Impfschutz? Folgende homöopathische Arzneien können unterstützend und lindernd zur Anwendung kommen:

Arznei	Beschreibung	Dosierung
Arnica	Wichtigstes Verletzungsmittel. Bei Wunden mit Bluterguss, Quetschungen, Prellungen.	3 x täglich 3 Globuli D6 oder D12
Hypericum	Verletzung an nervenreichen Stellen, z. B. Fingerspitzen, Fingernägeln, Zehen.	3 x täglich 3 Globuli D6 oder D12
Ledum	Allgemein bei Stichwunden (z. B. Nägel, Messer, Nadeln etc.).	3 x täglich 3 Globuli D6 oder D12
Aconitum	Bei Schreck und Schock nach der Verletzung, große Angst.	3 x täglich 3 Globuli D6 oder D12
Belladonna	Akute Entzündung der Wunde, Hitze, Rötung, Pochen. (Zum Arzt gehen!)	3 x täglich 3 Globuli D6 oder D12
Hepar sulfuris	Eiterung, z. B. vereiterte Splitter, Nagelbetteiterung.	3 x täglich 3 Globuli D6 oder D12

Verbrennungen

> Bei größeren oder tiefer gehenden Verbrennungen muss der Arzt aufgesucht werden. Am besten direkt in die Kinderklinik!

Allgemeinmaßnahmen bei kleineren Verbrennungen sind Kühlen (kaltes Wasser) und die Wunde sauber halten. Es kann Combudoron® Gel aufgetragen werden, es kühlt und fördert die Abheilung.

Folgende homöopathische Arzneien können unterstützend und lindernd zur Anwendung kommen:

Arznei	Beschreibung	Dosierung
Cantharis	Hauptmittel bei akuten Verbrennungen, Blasenbildung, brennende Schmerzen.	3 x täglich 3 Globuli D12
Arsenicum album	Verbrennungen bis Grad III, in die Tiefe reichend. Falls sich die Haut bzw. Blase ablöst. (In die Kinderklinik gehen!)	3 x täglich 3 Globuli D12

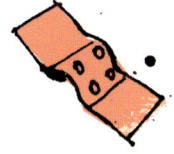

Insektenstiche

Insektenstiche sind nur behandlungsbedürftig, wenn die Schwellung übermäßig groß ist oder die Stiche schlecht abheilen.

Folgende homöopathische Arzneien können unterstützend und lindernd zur Anwendung kommen:

Arznei	Beschreibung	Dosierung
Apis	Geschwollen und rot, Juckreiz, Verlangen nach kühlen Auflagen.	2–3 x täglich 3 Globuli D12
Ledum	Stiche heilen schlecht ab, Zeckenbisse. Schmerzen ziehen von den Armen oder Beinen zum Körper.	2–3 x täglich 3 Globuli D12
Hepar sulfuris	Eitrig entzündet. (Zum Arzt gehen!)	2–3 x täglich 3 Globuli D12

DIE HOMÖOPATHISCHE KINDERAPOTHEKE

Die homöopathische Kinderapotheke beinhaltet 30 Arzneimittel, mit denen eine Vielzahl von Beschwerden und Krankheiten behandelt werden kann. Das Sortiment ist mit wachsendem Kenntnisstand erweiterbar. Für Kinder sind Globuli am geeignetsten.

Die Arzneien sollten trocken und dunkel aufbewahrt werden, z. B. in einem Kasten oder Schrank. Im Handel (Apotheken, Versandbuchhandlungen) sind auch spezielle kleine Glasröhrchen und Mappen oder Taschen für die Erstellung von Reise- und Hausapotheken erhältlich.

Aconitum D12
Antimonium tartaricum (= Tartarus emeticus) D12
Apis mellifica D12
Arnica montana D12
Arsenicum album D12
Belladonna D12
Bryonia alba D12
Cantharis D12
Chamomilla D12
Cocculus D12
Colocynthis D12
Cuprum metallicum D12
Drosera rotundifolia D12
Eupatorium perfoliatum D12
Ferrum phosphoricum D12
Gelsemium D12

Hepar sulfuris D12
Hypericum D12
Ipecacuanha D12
Lachesis D12
Ledum D12
Mercurius solubilis D12
Nux vomica D12
Okoubaka D12
Phosphorus D12
Pulsatilla D12
Rhus toxicodendron D12
Staphisagria D12
Symphytum D12
Tabacum D12

Die Abkürzung D steht für die Art der Verdünnung bei der Potenzierung. D = Dezimal, die Arzneien werden im Verhältnis 1:10 verdünnt und dann verschüttelt. Die Zahl, z. B. 12 (D12), gibt die Potenzierungsstufe an, das heißt, wie häufig in der Folge die Arznei verdünnt und verschüttelt wurde. Die Potenz D12, die überwiegend in der vorgeschlagenen Hausapotheke verwendet wird, hat sich für den Selbstgebrauch besonders bewährt. Wenn Sie bereits eine Hausapotheke besitzen, in welcher die Arzneien in einer anderen Potenz (z. B. C30) vorliegen, können Sie diese natürlich genauso verwenden.

Literaturverzeichnis

Borland DM: Kinderkonstitutionstypen in der Homöopathie. Aus dem Englischen übersetzt von Dr. med. Christian Lucae. Mit einem Repertorium von Dr. med. W. Wedepohl. 4., völlig neu bearbeitete Auflage. Heidelberg: Haug Verlag 2000

Imhäuser H: Homöopathie in der Kinderheilkunde. Ein Praxishandbuch. 3. Auflage. Stuttgart: Haug Verlag 2003

Largo RH: Babyjahre. Entwicklung und Erziehung in den ersten vier Jahren. 14. Auflage. Zürich: Piper Taschenbuch 2014

Lucae C: Grundbegriffe der Homöopathie. Ein Wegweiser für Einsteiger. 4., bearbeitete Auflage. Essen: KVC Verlag 2015

Nash EB: Leitsymptome in der homöopathischen Therapie. Aus dem Amerikanischen neu übersetzt von Rainer Wilbrand. Stuttgart: Haug Verlag 2004

Pfeiffer H, Drescher M, Hirte M (Hrsg.): Homöopathie in der Kinder- und Jugendmedizin. 2. Auflage. München: Elsevier 2007

Phatak SR: Homöopathische Arzneimittellehre mit Repertorium (Studienausgabe). 5. Auflage. München: Elsevier 2013

Stauffer K: Klinische Homöopathische Arzneimittellehre. Auf der Basis von Martin Schlegel neu bearbeitet von Christian Lucae. 14., erweiterte, neu bearbeitete Auflage. Stuttgart: Sonntag Verlag 2002

Voegeli A: Homöopathische Therapie der Kinderkrankheiten. Bearbeitet von Christian Lucae. 9., aktualisierte Auflage. Stuttgart: Haug Verlag 2009

Die Autoren

Dr. med. Michael Teut ist Hausarzt mit der Zusatzbezeichnung Homöopathie und arbeitet in eigener Praxis in Berlin sowie in der Hochschulambulanz für Naturheilkunde der Charité Universitätsmedizin Berlin. Er ist Autor zahlreicher Bücher, Aufsätze und Ratgeber. Mehr Infos: www.michael-teute.de

Dr. med. Christian Lucae ist Facharzt für Kinder- und Jugendmedizin und arbeitet in eigener Praxis mit Schwerpunkt Homöopathie und Naturheilverfahren in München. Er ist Autor zahlreicher Bücher, Aufsätze und Ratgeber. Mehr Infos: www.lucae.net

Die Illustratorin

Diplomdesignerin Stefanie Clemen, die als Illustratorin und Alltagsforscherin in Hamburg niedergelassen ist, findet für zahlreiche Worte Bilder. Als Künstlerin wurde sie der Sandkastenfibel in gelungener homöopathischer Dosis hinzugefügt. Labor: www.stefanieclemen.de

NATUR UND MEDIZIN e.V. – Eine starke Gemeinschaft

Ob Pflanzenheilkunde, Homöopathie oder Blutegeltherapie – die Komplementärmedizin ist sehr vielseitig. Antworten darauf, welche Therapieverfahren bei welchen Krankheiten helfen, gibt NATUR UND MEDIZIN. Der Verein und seine Mitglieder unterstützen die Carstens-Stiftung in ihrem Auftrag, die Naturheilkunde und Homöopathie wissenschaftlich zu erforschen. Das Ziel ist eine Integrative Medizin, in der moderne Erkenntnisse und traditionelles Wissen, Hochschulmedizin und Naturheilkunde keine Gegensätze, sondern gleichberechtige Akteure sind.

Der Auftrag von NATUR UND MEDIZIN ist es, die Bevölkerung fundiert zu informieren, so dass immer mehr Menschen davon profitieren können. Die Mitgliederzeitschrift Natur und Medizin bietet neben aktuellen Berichten zur Komplementärmedizin auch eine Vielzahl praktischer Selbsthilfetipps. Ein exklusives Ratgeberangebot und Bücher aus dem eigenen Verlag liefern ausführliche Informationen zu bestimmten Krankheiten und deren Therapiemöglichkeiten.

Helfen Sie mit, Naturheilkunde und Homöopathie zu fördern und zu erhalten! NATUR UND MEDIZIN ist auf Ihre Unterstützung angewiesen: Mit Ihren Mitgliedsbeiträgen, Buchkäufen und Spenden finanziert NATUR UND MEDIZIN wichtige Forschungsprojekte, bezieht Stellung und berät Patienten unabhängig.

Werden Sie Mitglied, spenden Sie für die Komplementärmedizin, empfehlen Sie uns weiter!

Weitere Informationen erhalten Sie unter:
NATUR UND MEDIZIN e.V., Am Deimelsberg 36, 45276 Essen,
Telefon: 0201/56305 70, www.naturundmedizin.de |
www.kvc-verlag.de | www.carstens-stiftung.de